# 迷《めい》路《ろ》探《たん》偵《てい》ピエール

## ～怪《かい》盗《とう》X《エックス》の挑《ちょう》戦《せん》状《じょう》～


原作《げんさく》　カミガキヒロフミ＆IC4DESIGN

著《ちょ》　糸海《しかい》みん

# プロローグ

やあ、読者諸君《どくしゃしょくん》。キミたちは、ちまたで話題《わだい》の怪盗X《かいとうエックス》をご存《ぞん》じかな？

なに？　知《し》らない？　それはもったいない！

X《エックス》は今《いま》、ちまたをさわがせている正体不明《しょうたいふめい》の怪盗《かいとう》さ。ねらった物《もの》は決《けっ》して逃《のが》さない腕利《うでき》きで、これまでも富豪《ふごう》の家《いえ》や美術館《びじゅつかん》からめずらしい宝《たから》ばかりを盗《ぬす》み、まんまと逃《に》げおおせているんだぜ。素顔《すがお》は仮面《かめん》でかくしているみたいだけど、まあ、それだけできる男《おとこ》なんだ、とてつもなくハンサムにちがいない。アッハハハハ……。

まあ、それはともかく。そのやっかい者《もの》が、この街《まち》オペラシティに犯行予告《はんこうよこく》を出《だ》したってうわさだよ。

くわしくは警察《けいさつ》も明《あ》かしていないけど、いったい何《なに》を盗《ぬす》む気《き》なんだろうねえ。

なんたってオペラシティは、芸術《げいじゅつ》の神《かみ》に愛《あい》された文化《ぶんか》と娯楽《ごらく》の街《まち》。

大通《おおどお》りにはさまざまな施設《しせつ》が並《なら》んでいるし、

名物《めいぶつ》にもなっている博物館《はくぶつかん》には、めずらしいお宝《たから》がごまんと展示《てんじ》されている。

それに風景《ふうけい》も最高《さいこう》なんだ。石畳《いしだたみ》とレンガで作《つく》られた古風《こふう》な街並《まちな》みは、絵画《かいが》のように美《うつく》しい……。ここの素晴《すば》らしい景色《けしき》を見《み》ていると、怪盗《かいとう》がつけねらうお宝《たから》なんて、この街《まち》にはいくらでもありそうに思《おも》えてくる。

そうだ。肝心《かんじん》なことを忘《わす》れちゃいけない。

この街《まち》には、ちょっぴり風変《ふうが》わりな探偵《たんてい》が…………。

おや、なんだか街《まち》がさわがしいなあ。

もともとにぎやかな街《まち》ではあるけれど、それにしたってみょうだなあ。

芸術祭《げいじゅつさい》もまだ先《さき》のはずなのに、どうしたんだろう……。

え？　何《なに》があったか気《き》になるって？

アッハッハッハッハッハ！

それを確《たし》かめるのは読者諸君《どくしゃしょくん》と、〝迷路探偵《めいろたんてい》〟の仕事《しごと》さ！

## もくじ



## 主《おも》な登場人物《とうじょうじんぶつ》

メイジー　カルメン　ピエール

# CONTENTS

# 迷《めい》路《ろ》はへんてこから

オペラシティのはしっこ通《どお》り。人通《ひとどお》りの少《すく》ないビルの谷間《たにま》にかくれるようにして、古《ふる》いレンガ造《づく》りのへんてこな家《いえ》がありました。

ガレージを改造《かいぞう》して作《つく》られた長方形《ちょうほうけい》の建物《たてもの》には窓《まど》がなく、屋根《やね》はぺちゃんこ、正面《しょうめん》にはシャッターを取《と》り外《はず》してはめられた両開《りょうびら》きのとびらがついています。

家主《やぬし》は、よほど無《む》とん着《ちゃく》なのでしょう。

ポストはさびれて使用感《しようかん》が少《すく》なく、玄関《げんかん》に表札《ひょうさつ》すらかかげられていないため、街《まち》の人《ひと》の多《おお》くは、この建物《たてもの》をただの倉庫《そうこ》だとかんちがいしているのでした。

部屋《へや》の中《なか》は、家主《やぬし》のそういうけい向《こう》が、ますますけん著《ちょ》でした。

中《なか》に入《はい》って、真《ま》っ先《さき》に目《め》に飛《と》びこんでくるのは、物《もの》、物《もの》、物《もの》……。

大小《だいしょう》さまざまな物《もの》が、かべを、たなを、床《ゆか》をうめつくしています。物《もの》と表《ひょう》現《げん》せざるを得《え》ないのは、ここに置《お》かれた収集物《しゅうしゅうぶつ》——例《たと》えば、かべにかざられた

太陽《たいよう》のマスクや、床《ゆか》に転《ころ》がっている観覧車《かんらんしゃ》の切手《きって》や、屋根裏《やねうら》で眠《ねむ》っている銀《ぎん》のよろいが、果《は》たして価値《かち》のあるコレクションなのか、それともただのガラクタなのか、持《も》ち主《ぬし》以外《いがい》に見分《みわ》けがつかないためです。

まさに混《こん》とんといった部屋《へや》の様子《ようす》は、ながめるだけで目《め》が回《まわ》りそうなほど。

しかし、この家《いえ》の主《あるじ》——ピエール探偵《たんてい》は、この行《い》きとどいた混《こん》とんを、むしろ心地《ここち》がいいと感《かん》じているのでした。

その証拠《しょうこ》に、ピエールは一日《いちにち》のほとんどをこの家《いえ》で過《す》ごしても平気《へいき》な顔《かお》をしています。

それどころか今日《きょう》も今日《きょう》とて、物《もの》にうもれるように座《すわ》りこみ、床《ゆか》に広《ひろ》げたパズルに集中《しゅうちゅう》していました。

「もうっ。そうじもしないで、またパズル？」

そう声《こえ》をかけてきたのは、ピエールの幼《おさな》なじみ、カルメンです。

ピエールの助手《じょしゅ》として働《はたら》いているのですが、生活力《せいかつりょく》の低《ひく》いピエールを心配《しんぱい》し、仕事《しごと》がない日《ひ》もこうして様子《ようす》を見《み》に来《く》るのでした。

「そんなにひまなら、街《まち》の人《ひと》に自分《じぶん》を宣伝《せんでん》したらどう？　ほとんどの人《ひと》が、ピエールが探偵《たんてい》だってことも知《し》らないんだから」

むうっとおこってみせるカルメンですが、ピエールはパズルの手《て》を止《と》めようとはしません。

「宣伝《せんでん》なんてムダだと思《おも》うな」

「なんで？　ピエールは生活力《せいかつりょく》0だけど、仕事《しごと》の腕《うで》はいいじゃない。その長《ちょう》所《しょ》をアピールしないでどうするの？」

「でも、僕《ぼく》は普通《ふつう》の探偵《たんてい》じゃなくて――迷路専門《めいろせんもん》の『迷路探偵《めいろたんてい》』なんだよ。肝《かん》心《じん》の迷路《めいろ》がないんじゃ、仕事《しごと》になりゃしない」

　こればかりは、ピエールの言《い》うとおりでした。

「しかも、並《なみ》の迷路《めいろ》なんかじゃ、迷路探偵《めいろたんてい》はたよられない。とびきり難解《なんかい》で、複雑《ふくざつ》で、おさわがせな迷路《めいろ》じゃないと……」

「いつもそればっかりじゃないっ！　いっそ、専門《せんもん》を変《か》えたらどうなの？」

　世《よ》の中《なか》、手広《てびろ》くやるのが大事《だいじ》なのよ！と、カルメンは手《て》に持《も》っていた雑誌《ざっし》を開《ひら》いて、ピエールにつきつけました。

「現役探偵《げんえきたんてい》で俳優活動《はいゆうかつどう》、なんてかっこいいの！　時代《じだい》は探偵《たんてい》ブームで追《お》い風《かぜ》なんだし、ピエールもこれくらい華《はな》のある活《かつ》やくを目指《めざ》しましょう！」

「僕《ぼく》は俳優《はいゆう》じゃなくて迷路探偵《めいろたんてい》、そこはゆずれないよ。それに……」

ピエールは、パズルのピースを数個《すうこ》つまみあげ、雑誌《ざっし》の横《よこ》に並《なら》べていきます。

「このピースに色々《いろいろ》な形《かたち》があるように、幸《しあわ》せにも人《ひと》それぞれの形《かたち》あるんだ。例《たと》えば僕《ぼく》は……こうして自宅《じたく》のお気《き》に入《い》りの場所《ばしょ》で、うんと難《むずか》しいパズルに挑戦《ちょうせん》することが一番《いちばん》の幸《しあわ》せなんだ。

今《いま》取《と》り組《く》んでいるのはミルクパズル。これをクリアしたらカスタードパズル、その次《つぎ》はコーヒーパズル、さらにその次《つぎ》はチョコレートパズルをやるんだ。ああ、今《いま》から楽《たの》しみだなあ」

ピエールはそう言《い》って、何《なん》の絵柄《えがら》も印刷《いんさつ》されていない、真《ま》っ白《しろ》なパズルをそれはそれは、うっとりとながめるのでした。

「ほんっと、理解《りかい》できない……」

カルメンにはミルクパズルもカスタードパズルも、色《いろ》がちがうだけの同《おな》じパズルに見《み》えます。

コーヒーとチョコレートにいたっては、どちらも茶色《ちゃいろ》で区別《くべつ》もつきません。

「ひまつぶしをするくらいなら、私《わたし》が考《かんが》えた決《き》めゼリフの暗記《あんき》でもしてよ！」

カルメンはピエールがいつ活《かつ》やくしてもかっこよくメディアに取《と》り上《あ》げてもらえるように、念入《ねんい》りに準備《じゅんび》をしているのです。

決《き》めゼリフもその一《ひと》つでした。

しかし、ピエール本人《ほんにん》は、それをちっともありがたいと思《おも》っていないのか、

「ひまつぶしだなんてとんでもない！　新聞《しんぶん》でうわさになるような、いかにも俗《ぞく》っぽいありきたりな事件《じけん》を解《と》くより、よっぽど楽《たの》しいよ」

なんて、素《そ》っ気《け》ない態度《たいど》でパズルに没頭《ぼっとう》しているのですから、カルメンは面《おも》白《しろ》くありません。

PUZZLE

「新聞《しんぶん》を馬鹿《ばか》にするなんて！　だれに育《そだ》てられたらこんなひねくれ者《もの》になるのかしら……」

と言《い》いつつ、小《ちい》さいころから迷路探偵《めいろたんてい》を自称《じしょう》するピエール少年《しょうねん》を面白《おもしろ》がり、探偵《たんてい》になるようすすめたのは自分《じぶん》だったと気《き》がついたので、カルメンは責《せ》めるのをあきらめました。

「一応聞《いちおうき》くけど、今後《こんご》の生活費《せいかつひ》や私《わたし》のお給料《きゅうりょう》はどうするつもり？」

「困《こま》ったら地下迷宮《ちかめいきゅう》で、骨《こつ》とうや化石《かせき》を発《はっ》くつしてくるよ。迷路《めいろ》の腕試《うでだめ》しにもちょうどいいし、めずらしい物《もの》なら博物館《はくぶつかん》に寄《き》ぞうもできる。一石三鳥《いっせきさんちょう》だね」

「……迷路《めいろ》ハンターにくらがえすれば、きっと館長《かんちょう》が喜《よろこ》ぶわよ」

「だから、迷路探偵《めいろたんてい》はゆずれないんだってば」

カルメンが何度目《なんどめ》か分《わ》からないため息《いき》をついたとき、ピエールは、ふと、パズルの中《なか》にヘンなものが混《ま》ざっていることに気《き》がつきました。

ピースの真《ま》ん中《なか》に丸《まる》い穴《あな》が空《あ》いて、真《ま》ん中《なか》がきみょうにねじれています。不良品《ふりょうひん》でしょうか？　それにしては、ちょっと数《かず》が多《おお》いのです。

異変《いへん》はそれだけではありません。

気《き》にしてみれば、部屋《へや》にある物《もの》の配置《はいち》も、ピエールの記憶《きおく》とは少《すこ》しちがっていました。

古《ふる》いレコードから流《なが》れていたゆったりとした曲《きょく》も、ひょうしが速《はや》くなったりおそくなったり、不規則《ふきそく》になっています。

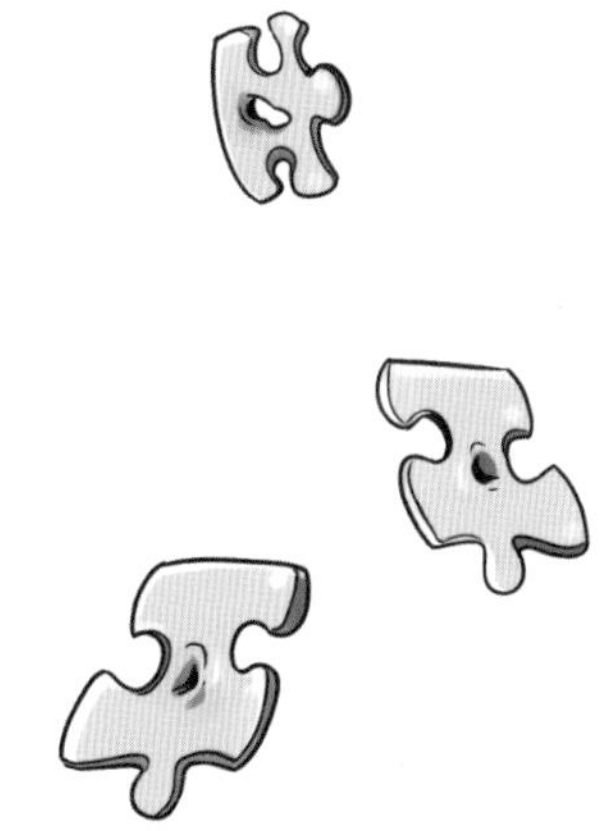

「君《きみ》、ここの物《もの》をさわったりしたかい？」

「してないわよ？　さっき来《き》たばかりなんだから……」

「じゃあ、変《へん》な音《おと》が聞《き》こえたりは？」

「音《おと》……？　そうね、外《そと》がさわがしいかしら？」

とうとつな問《と》いかけにピンときていないカルメンを見《み》て、ピエールの違和感《いわかん》は確信《かくしん》に変《か》わりました。

「ふむ……。もしかしたら、君《きみ》の期待《きたい》に応《こた》えられるかも」

「え？　どういうこと？」

ピエールは知《し》っていたのです。

自分《じぶん》だけが気《き》がつくちょっとした〝へんてこ〟が、大《おお》きな事件《じけん》の前《まえ》ぶれになるということを。


「ちょっと。急《きゅう》にどこ行《い》くの！」

疑問符《ぎもんふ》をうかべるカルメンを尻目《しりめ》に、ピエールはぼうしを目深《まぶか》にかぶり、数《すう》日《じつ》ぶりに街《まち》へとくり出《だ》すのでした。

# あべこべ道路《どうろ》

「なにこれ、どういうこと……?」

ピエールを追《お》いかけて外《そと》に出《で》たカルメンが、おどろきの声《こえ》をあげました。

それもそのはず、はしっこ通《どお》りの細《ほそ》くまっすぐだった道《みち》は、ぐねぐねとねじ曲《ま》がり、車《くるま》の大《だい》じゅうたいが起《お》きています。

クラクションや困《こん》わくする声《こえ》がとどろいて、ふだんの静《しず》かな様子《ようす》がうそのようです。

「どうやら、街《まち》が迷路化《めいろか》してしまったみたいだね」

当《あ》たり前《まえ》のようにそう告《つ》げるピエールに、カルメンはすっとんきょうな声《こえ》を上《あ》げます。

「迷路化《めいろか》!?　そんな、さっき通《とお》ったときはこんなことには……」

「街《まち》の中心《ちゅうしん》に急《いそ》ごう。きっと大《おお》きな騒《さわ》ぎになっているはずだ」

ピエールはなんとか道《みち》を渡《わた》ろうと、通《とお》り抜《ぬ》けれそうなすき間《ま》を探《さが》して、あたりをきょろきょろと見渡《みわた》していました。

「ちょっと」

道《みち》を渡《わた》ろうとしたピエールに、カルメンが待《ま》ったをかけます。

「迷路《めいろ》に挑《いど》むときの決《き》めゼリフは？　ほら、一緒《いっしょ》に考《かんが》えたでしょ？」

「え？　ええっと……**がんばるぞ迷路《めいろ》！**」

「……ぜんぜんちがう！　もうっ！　メモはどうしたのよ」

「あはは……あとで探《さが》しておくよ」

不満《ふまん》げなカルメンですが、ピエールの迷路《めいろ》の腕《うで》は信頼《しんらい》しています。

カルメンがピエールの手《て》をぎゅっとにぎると、二人《ふたり》は路地裏《ろじうら》の迷路《めいろ》へとかけていきました。

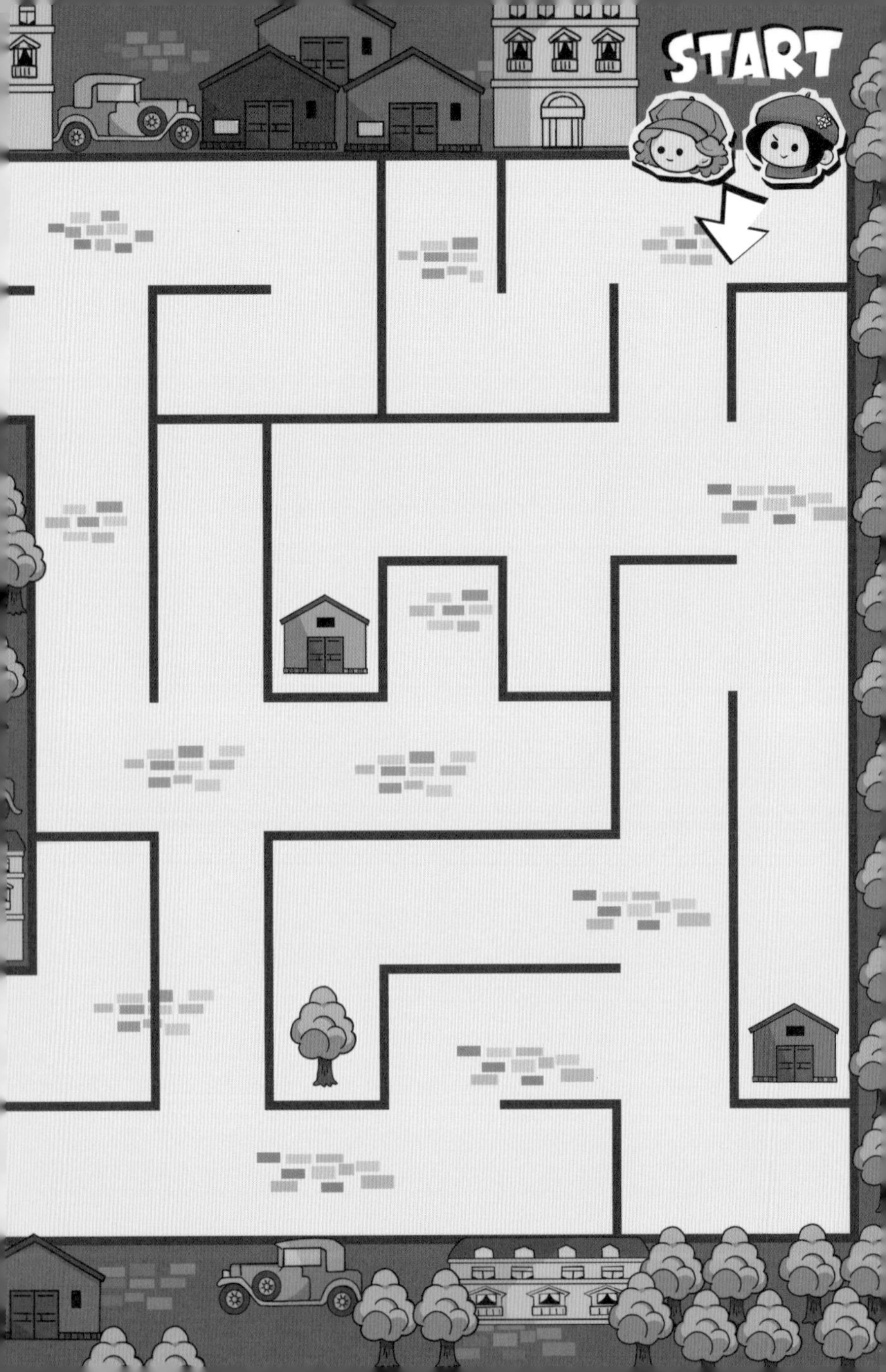
START

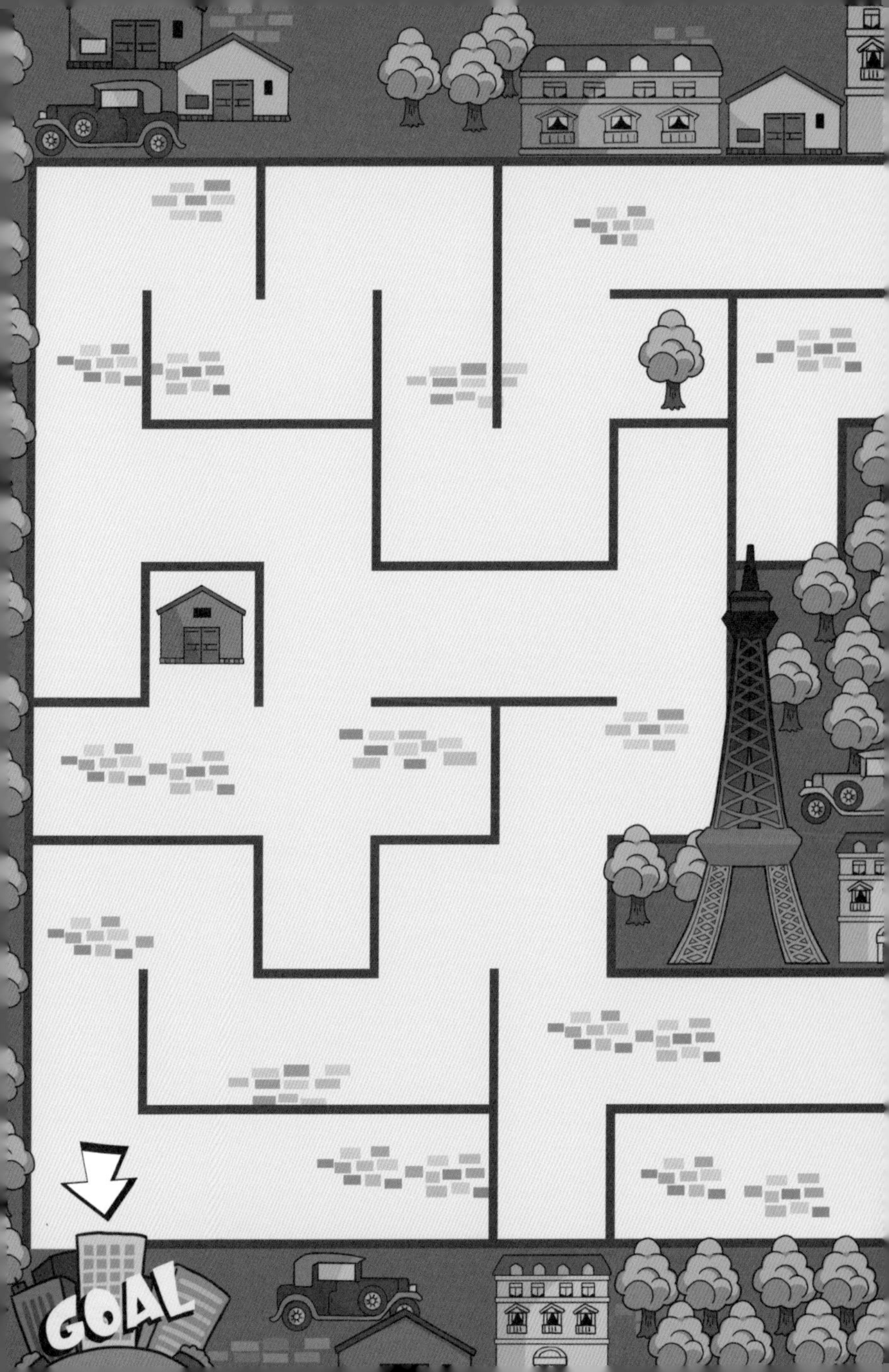
GOAL

大通《おおどお》りにたどり着《つ》くと、ピエールの予想通《よそうどお》り、街《まち》は混乱《こんらん》に満《み》ちていました。

「おい、どれが本物《ほんもの》の出口《でぐち》なんだ!?」

「これじゃ家《いえ》に帰《かえ》れないぞ……」

街中《まちじゅう》のあちこちで、道《みち》に迷《まよ》った人《ひと》びとがとほうに暮《く》れています。

太《ふと》い十字路《じゅうじろ》だった道《みち》が枝分《えだわ》かれをくり返《かえ》し、道《みち》と道《みち》がくつひもがからまるようにもつれあっているのですから、無理《むり》もありません。

歩道《ほどう》の一部《いちぶ》は、建物《たてもの》のかべをのぼって、屋根《やね》の上《うえ》まで足《あし》をのばしているし、建物《たてもの》のドアの数《かず》は何倍《なんばい》にも増《ふ》え、機能《きのう》を失《うしな》った信号機《しんごうき》はチカチカと好《す》き勝手《かって》に点《てん》めつしています。

「オペラシティのふだんのおだやかさがうそみたいね」

カルメンははじめて見《み》る街《まち》の異変《いへん》を、心配《しんぱい》そうに見《み》つめています。

「ふむ。移動《いどう》をしてもこのありさまか……これは広《こう》はん囲《い》の迷路化《めいろか》だな」

「そんなことも分《わ》かるの？」

「迷路化《めいろか》で発生《はっせい》した迷路《めいろ》は、場所《ばしょ》によって難易度《なんいど》にちがいがあることがほとんどなんだ。大《たい》てい、〝原因《げんいん》〟に近《ちか》いほど複雑《ふくざつ》で、はしっこの方《ほう》ほど簡単《かんたん》になる。

だけど、今《いま》はそういうムラも少《すく》ないから……きっと、街《まち》を包《つつ》みこむような大《おお》きな迷路《めいろ》が発生《はっせい》しているにちがいない」

「ふぅん。さすがは迷路博士《めいろはかせ》。迷路《めいろ》にだけはくわしいのね」

「〝博士《はかせ》〟じゃなくて、〝探偵《たんてい》〟だってば」

〝迷路《めいろ》〟と〝探偵《たんてい》〟には非常《ひじょう》にこだわるピエールに、ふだんの生活《せいかつ》もこのくらいまじめになってくれればいいのに……とカルメンが考《かんが》えていると、背後《はいご》から大《おお》きな影《かげ》が、勢《いきお》いよく飛《と》び出《だ》してくるではありませんか。

姿《すがた》を現《あらわ》したのは大《おお》きな白《しろ》い犬《いぬ》——迷路犬《めいろけん》のメイジーでした。

「メイジー、来《き》てくれたのね！」

カルメンがひざをつき、メイジーに優《やさ》しいハグをします。

メイジーはグレートピレニーズという犬種《けんしゅ》で、ちょっぴり食《く》いしんぼうですが、かしこく鼻《はな》が利《き》く、ピエールたちの大事《だいじ》な友達《ともだち》です。

メイジーは返事《へんじ》の代《か》わりに尻尾《しっぽ》を一《ひと》ふりすると、口《くち》にくわえていた新聞《しんぶん》を地《じ》面《めん》に置《お》きました。

「これは……今日《きょう》の号外新聞《ごうがいしんぶん》ね」

「どれどれ……『本日未明《ほんじつみめい》、怪盗《かいとう》X《エックス》が博物館《はくぶつかん》にとつじょ出現《しゅつげん》。予告《よこく》なしの犯《はん》行《こう》は今回《こんかい》が初《はじ》めて。X《エックス》は博物館《はくぶつかん》の秘宝《ひほう》を盗《ぬす》んで逃走中《とうそうちゅう》……』」

「怪盗《かいとう》X《エックス》!? 最近《さいきん》、うわさになってるすご腕《うで》の怪盗《かいとう》よね!?」

カルメンは目《め》をキラキラかがやかせ、熱《ねつ》のこもった口調《くちょう》で続《つづ》けます。

「正体《しょうたい》不明《ふめい》の怪盗《かいとう》なんて引《ひ》きがあっていいわよね……。ピエールもおしゃれな仮面《かめん》をつけて、ミステリアス探偵《たんてい》として売《う》り出《だ》してみたら？　きっとテレビや雑誌《ざっし》に引《ひ》っ張《ぱ》りだこよ！」

「やれやれ……。カルメンは僕《ぼく》をどうしたいんだい？」

ピエールはカメラの前《まえ》で派《は》手《で》な仮面《かめん》をつけ、ヘンテコなポーズで「迷路《めいろ》とは怪盗《かいとう》よりもミステリアスなんですよ」なんて、ほこらしげに語《かた》る自分《じぶん》を思《おも》いうかべて、苦笑《にがわら》いしました。

「でもヘンね……。怪盗X《かいとうエックス》は必《かなら》ず犯行前《はんこうまえ》に予告状《よこくじょう》を出《だ》すはずなのに、博物館《はくぶつかん》がねらわれているなんて、聞《き》いた覚《おぼ》えがないわ」

記事《きじ》をすみずみまで確認《かくにん》してみても、予告状《よこくじょう》があったという記載《きさい》はひとつもありませんでした。

「博物館《はくぶつかん》は民間施設《みんかんしせつ》に比《くら》べて警備《けいび》が手厚《てあつ》い。さすがの怪盗X《かいとうエックス》も、おそれをなした……とか？」

「どうかしら？ X《エックス》は博物館《はくぶつかん》や美術館《びじゅつかん》での盗《ぬす》みに何度《なんど》も成功《せいこう》しているし……わざわざ予告状《よこくじょう》を出《だ》すくらいですもの、怪盗X《かいとうエックス》は目立《めだ》ちたがりで、とても自《じ》信家《しんか》のはず。世間《せけん》からおく病者《びょうもの》だなんて馬鹿《ばか》にされかねない行為《こうい》を自分《じぶん》から選《えら》ぶとは思《おも》えないわ」

こういうとき、カルメンの情報《じょうほう》もうと分《ぶん》せき力《りょく》はとてもたよりになります。

自分《じぶん》は人《ひと》の心理《しんり》にすこぶるうといことを、ピエールは自負《じふ》していました。

「なにかトラブルでもあったのかしら？」

「気《き》になるところだけど、迷路《めいろ》というものは、まどろっこしくても、一歩《いっぽ》一歩《いっぽ》進《すす》んでいかないと解《と》けないものだ。まずは現場《げんば》に急《いそ》ごう」

# めいわく迷路《めいろ》で大《おお》さわぎ

ピエールたちが街《まち》の中央《ちゅうおう》にある博物館《はくぶつかん》に入《はい》ると、多《おお》くの展示物《てんじぶつ》が、まるで意思《いし》を持《も》つように動《うご》き出《だ》していました。

骨《ほね》だけのティラノサウルスが地面《じめん》をゆらしながら走《はし》り回《まわ》り、ナポレオンの石《せき》像《ぞう》が馬《うま》をいななかせながら、兵士《へいし》の像《ぞう》と格《かく》とうをしています。

警備員《けいびいん》たちが避難誘導《ひなんゆうどう》に当《あ》たっていますが、館内《かんない》では多《おお》くの観光客《かんこうきゃく》が逃《に》げ回《まわ》っていて、さわぎはおさまりそうにありません。

「ねえ、ピエール。あれ！」

カルメンが示《しめ》す方《ほう》を見《み》れば、ロウで作《つく》られた猿人《えんじん》の人形《にんぎょう》たちが、柱《はしら》にしがみつく初老《しょろう》の男性《だんせい》を取《と》り囲《かこ》んでいました。

ピエールたちは、この男性《だんせい》に見覚《みおぼ》えがあります。博物館《はくぶつかん》の館長《かんちょう》です。

猿人《えんじん》たちは館長《かんちょう》の背《せ》にヤリをつき出《だ》していて、いつおそいかかってもおかしくはありませんでした。

「危《あぶ》ない！」

ピエールは近《ちか》くにあったトーチの展示《てんじ》を手《て》に取《と》ると、館《かん》長《ちょう》をかばうように、猿人《えんじん》たちの前《まえ》に立《た》ちふさがりました。

猿人《えんじん》たちはピエールのとつぜんの登場《とうじょう》におどろいたのか、ヤリを高《たか》くかかげ、ピエールをいかくするように大《おお》きなさけび声《ごえ》を上《あ》げます。しかし、ピエールも負《ま》けてはいません。

ピエールはポケットからマッチを取《と》り出《だ》して、トーチの先《せん》たんに火《ひ》をつけると、猿人《えんじん》たちにえいっとつきつけたのです。

猿人《えんじん》たちは初《はじ》めて見《み》る火《ひ》にみるみる顔《かお》を青《あお》くし、クモの子《こ》を散《ち》らすようににげ去《さ》っていきました。

「いやあ、助《たす》かりましたぞ！　ピエール君《くん》」

館長《かんちょう》はハンカチで額《ひたい》のあせをぬぐいながら、ピエールに感謝《かんしゃ》を述《の》べます。

「一体《いったい》、何《なに》があったんですか？」

「それが……怪盗《かいとう》X《エックス》に『迷路《めいろ》ストーン』がうばわれてしまったのです」

「迷路《めいろ》ストーンが？　それなら、今回《こんかい》起《お》きた大規模《だいきぼ》な迷路化《めいろか》にも説明《せつめい》がつく」

「ピエール、迷路《めいろ》ストーンを知《し》ってるの？」

「昔《むかし》、この世界《せかい》の王様《おうさま》は敵《てき》から城《しろ》を守《まも》るため、魔術師《まじゅつし》たちの力《ちから》を使《つか》って大《おお》がかりな迷路作《めいろづく》りをさせていたんだ。そのとき使《つか》われた魔力《まりょく》がこめられた道具《どうぐ》は世界七大迷路秘宝《せかいななだいめいろひほう》って呼《よ》ばれていて、迷路《めいろ》ストーンもその一《ひと》つなんだよ」

「中《なか》でも、迷路《めいろ》ストーンは強《つよ》い魔力《まりょく》を持《も》っています。しかるべき場所《ばしょ》で厳重《げんじゅう》に保管《ほかん》しなければ、オペラシティが……いや、世界中《せかいじゅう》が迷路《めいろ》になったっておかしくはありませんぞ！」

「世界中《せかいじゅう》が迷路《めいろ》に？　そいつはゆかいだねえ」

とつぜん、頭上《ずじょう》から耳慣《みみな》れない声《こえ》が降《ふ》ってきました。

あわてて見上《みあ》げてみれば、天井《てんじょう》からたれたロープにぶら下《さ》がった仮面《かめん》の男《おとこ》が、楽《たの》しそうに笑《わら》っているではありませんか。

「お前《まえ》は……怪盗X《かいとうエックス》！」

「やあ、迷路探偵《めいろたんてい》クン。お目《め》にかかれて光栄《こうえい》だよ」

「聞《き》いたかいカルメン！光栄《こうえい》だって」

「ちょっと、いや味《み》に決《き》まってるでしょ！」

カルメンはピエールをたしなめると、怪盗X《かいとうエックス》をにらみつけていいました。

「怪盗X《かいとうエックス》、あなたのせいで街《まち》がめちゃくちゃよ！　はやく迷路《めいろ》ストーンを返《かえ》して！」

「すまないが、かわいいおじょうさんのたのみでも、それだけは聞《き》いてあげられない。私《わたし》は一度手《いちどて》に入《い》れたものは墓場《はかば》まで持《も》って行《い》く主義《しゅぎ》なんだ！」


**アハハハハハハッ！**

X《エックス》は、おかしくて仕方《しかた》がないといった様子《ようす》で高笑《たかわら》いすると、ロープを飛《と》び降《お》り、メインホールの奥《おく》へとかけていきます。

「あっ、待《ま》ちなさい！」

とっさに動《うご》いたのはカルメンでした。

ピエールの使《つか》ったらトーチを手《て》に取《と》って怪盗X《かいとうエックス》めがけて投《な》げつけました。

トーチは回転《かいてん》する炎《ほのお》の輪《わ》となり、怪盗X《かいとうエックス》にせまります。

しかし、X《エックス》はマントをひるがえしてすんでのところで身《み》

をかわし、展示品《てんじひん》のうらへと姿《すがた》を消《け》しました。

「さすがすご腕《うで》の怪盗《かいとう》。すごい身《み》のこなしだ。まるで体操選手《たいそうせんしゅ》だね」

「なに、ノーテンキなこと言《い》ってるのよ！　早《はや》く追《お》いましょうよ」

「ですぞ。あんなヤツに迷路《めいろ》ストーンが渡《わた》ったら、世界《せかい》はめちゃくちゃになるにちがいありません！　お願《ねが》いです、ピエール君《くん》！　なんとしてでも取《と》り返《かえ》してください！」

怪盗《かいとう》X《エックス》に逃《に》げられてはならないと、カルメンと館長《かんちょう》にひっきりなしに急《せ》かしてきます。ピエールは、やれやれ、みんな元気《げんき》だなあ……と老人《ろうじん》のようなことを思《おも》いながら、

「もちろん、必《かなら》ず取《と》りもどします。迷路《めいろ》の攻略《こうりゃく》はだれよりも得意《とくい》です。迷《まよ》っても、迷路探偵《めいろたんてい》ですから」

とニヤリ。怪盗《かいとう》X《エックス》に負《ま》けじと不敵《ふてき》な笑《え》みをうかべて、

「迷《まよ》い知《し》らずのこの僕《ぼく》に、**見《み》つけられない出口《でぐち》はない！**　……おそらく、きっと」

なんとも不安《ふあん》げに、カルメンにもらった決《き》めゼリフのメモを読《よ》み上《あ》げるので

した。

「もう、しまらないわねえ！」

　こうして、ちょっととぼけた迷路探偵《めいろたんてい》と、はた迷惑《めいわく》な怪盗《かいとう》による勝負《しょうぶ》の火《ひ》ぶたが切《き》られたのでした。

　どうして迷路《めいろ》が解《と》けてセリフが覚《おぼ》えられないの？」

「カルメン。僕《ぼく》は迷路探偵《めいろたんてい》だ。迷《めい》・路《ろ》・探《たん》・偵《てい》。俳優探偵《はいゆうたんてい》じゃない」

「たった2行《ぎょう》よ？　覚《おぼ》える気《き》がないだけじゃない！」

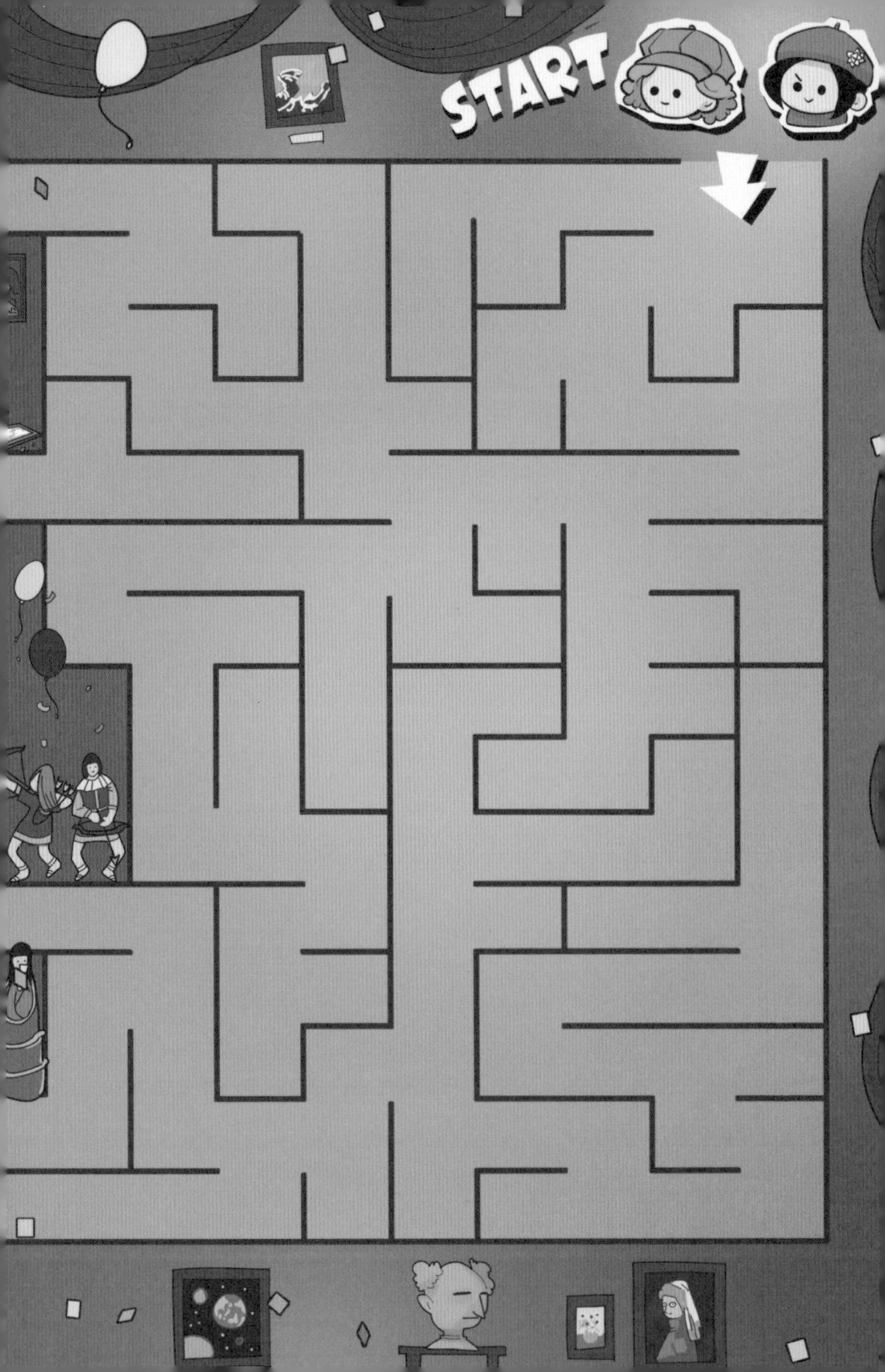
START

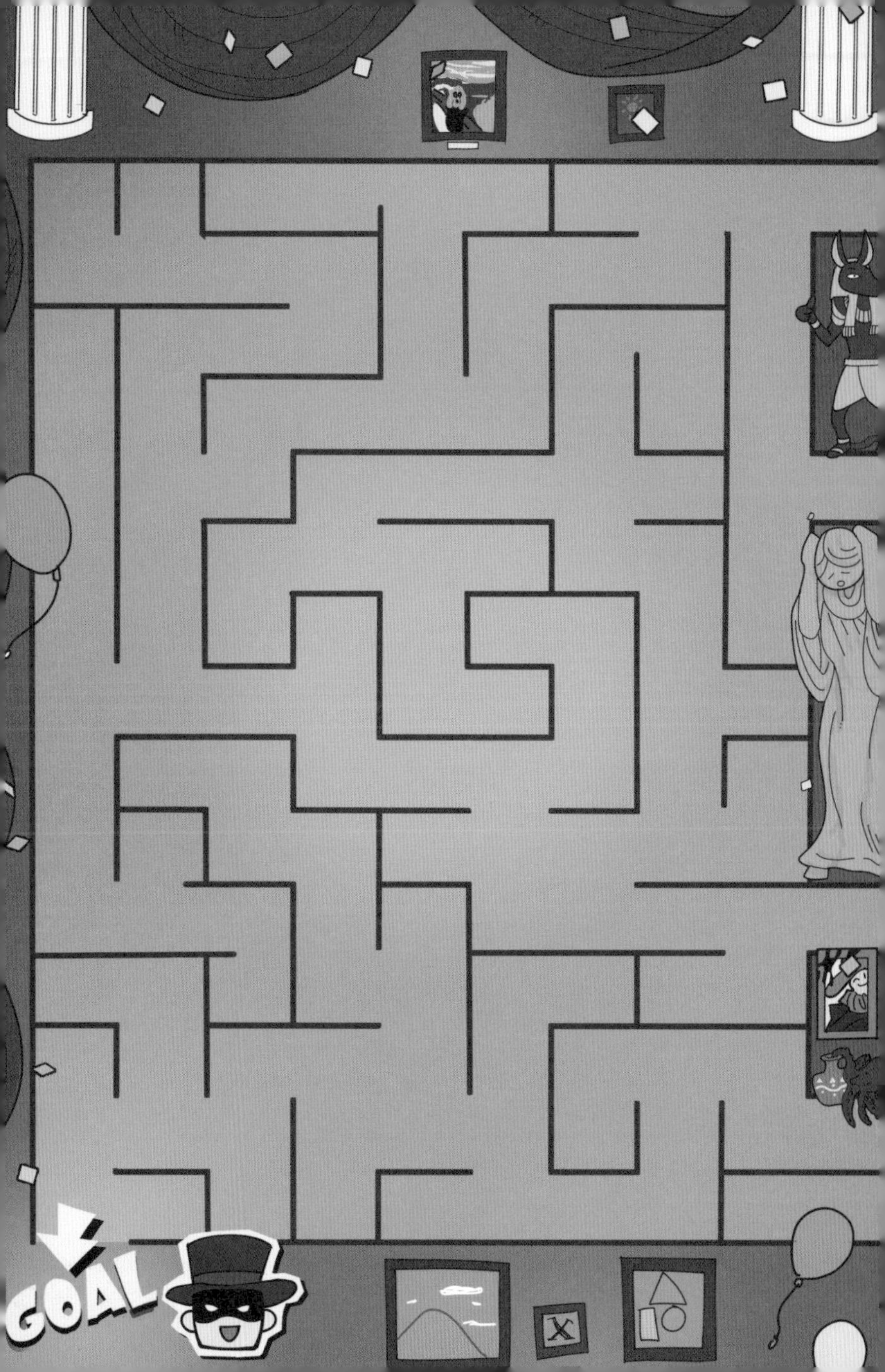
GOAL

# 消《き》えたX《エックス》を追《お》え

ピエールたちは警備員《けいびいん》と協《きょう》力《りょく》してX《エックス》を捜索《そうさく》しましたが、不思議《ふしぎ》なことに、館内《かんない》のすみずみまで捜索《そうさく》しても怪盗X《かいとうエックス》の姿《すがた》は見《み》当《あ》たりませんでした。

怪盗X《かいとうエックス》は、どこに消《き》えてしまったのでしょう？

代《か》わりに見《み》つかったのは……展示品《てんじひん》にまぎれて置《お》かれていた、怪盗X《かいとうエックス》の衣装《いしょう》を身《み》につけた白《しろ》い大理石《だいりせき》の彫像《ちょうぞう》だけでした。

「X《エックス》め……こんなものを残《のこ》して、おちょくっているのか？」

「待《ま》て。怪盗《かいとう》X《エックス》は変装《へんそう》の名人《めいじん》らしいぞ。この像《ぞう》に化《ば》けている可能性《かのうせい》も……」

博物館《はくぶつかん》の警備員《けいびいん》が彫像《ちょうぞう》をくまなく調《しら》べるものの、中《なか》にだれかが入《はい》っている様子《ようす》もなく、特《とく》に手《て》がかりは見《み》つかりません。

みんなが不安《ふあん》そうに顔《かお》を見合《みあ》わせるなか、ピエールだけは、どこか気楽《きらく》な態《たい》度《ど》で捜査《そうさ》を続《つづ》けているのでした。

ピエールは例《れい》の彫像《ちょうぞう》の近《ちか》くまで歩《あゆ》み寄《よ》ると、しげしげとながめて、マントのはしっこを指《ゆび》さします。

「ここ、マントがすすけてる。カルメンが投《な》げたトーチの火《ひ》がかすめたんじゃないかな」

言《い》われてみれば、マントの端《はし》には、黒《くろ》ずんだ焼《や》けあとがついていました。

「ほんとだわ。なら、彫像《ちょうぞう》が着《き》ているのは、さっきまでX《エックス》が着《き》ていた衣装《いしょう》ということね」

「ああ。おそらくX《エックス》は逃走中《とうそうちゅう》に衣装《いしょう》をぬぎかえ、身《み》をかくしたにちがいない」

「じゃあ、まだ怪盗X《かいとうエックス》は、館内《かんない》にかくれている可能性《かのうせい》が高《たか》いってこと？」

ホッと胸《むね》をなで下《お》ろすカルメンですが、警備員《けいびいん》たちはまだまだ不安《ふあん》そうな顔《かお》をしていました。これだけ立派《りっぱ》な博物館《はくぶつかん》に、多《おお》くの観光客《かんこうきゃく》までいるのです。おまけに怪盗X《かいとうエックス》は変装《へんそう》の名人《めいじん》。

どうやって探《さが》し出《だ》せばいいのでしょう？

「そういえば館長《かんちょう》は？　迷子《まいご》になっちゃったのかしら？」

言《い》われてみれば、彫像《ちょうぞう》の周《まわ》りは警備員《けいびいん》ばかりで、どこにも館長《かんちょう》の姿《すがた》がありません。

ピエールが探《さが》しに向《む》かおうとくつひもを結《むす》び直《なお》していると、

「みなさん、大変《たいへん》です！　怪盗X《かいとうエックス》が！」

ピエールたちの元《もと》に、息《いき》を切《き》らした館長《かんちょう》がかけこんで来《く》るではありませんか。

「怪盗X《かいとうエックス》がどうしたんです？」

「か、怪盗《かいとう》X《エックス》が、エレベーターで最上階《さいじょうかい》へのぼっていくのを見《み》たのです！　はやく追《お》わなくては、逃《に》げられてしまいますぞ！」

その言葉《ことば》を聞《き》いて、警備員《けいびいん》たちは手《て》がらを急《いそ》ぐように、大《おお》あわてでエレベーターホールへと走《はし》っていきました。

「僕《ぼく》は僕《ぼく》の方法《ほうほう》で、X《エックス》を探《さが》してみようと思《おも》う」

きっぱり言《い》い切《き》るピエールですが、カルメンはそれでも不《ふ》安《あん》そうです。

「探《さが》すって言《い》っても、怪盗《かいとう》X《エックス》の

居場所《いばしょ》はもう分《わ》かったんじゃないの？」

「まあまあ。迷路《めいろ》ってのはそう単純《たんじゅん》じゃないのさ」

ピエールは彫像《ちょうぞう》のはおっているマントの一部《いちぶ》をはさみで切《き》り取《と》ると、メイジーを呼《よ》び寄《よ》せ、マントの切《き》れはしをメイジーの前《まえ》に差《さ》し出《だ》しました。

「分《わ》かったわ。怪盗《かいとう》Ｘ《エックス》の居場所《いばしょ》を鼻《はな》が利《き》くメイジーに探《さが》してもらうのね！」

カルメンの顔《かお》が、パァッと明《あか》るくなりました。

「その通《とお》り。遠回《とおまわ》りだけど、こっちのほうが確実《かくじつ》さ」

「どう、メイジー。分《わ》かりそう？」

カルメンがたずねると、メイジーはすんすんと鼻《はな》を鳴《な》らして、うなずくかわりにワンと一鳴《ひとな》きしました。

「いけ、メイジー！」

ピエールのかけ声《ごえ》と共《とも》に、メイジーは元気《げんき》よくかけ出《だ》しました。

## スランプメイジー？

　張《は》り切《き》って飛《と》び出《だ》したメイジーでしたが、まずはメインホールをはしからはしまで軽《かろ》やかにひとめぐり。

　あっちに行《い》ったり、こっちに来《き》たりを気《き》まぐれにくり返《かえ》し――やがてパタパタとピエールたちの元《もと》にかけもどると、そのまま地面《じめん》に座《すわ》りこんでしまいました。いったい、どうしたのでしょう？　お腹《なか》でも痛《いた》いのでしょうか？

「どうしたの、メイジー。もしかしてスランプ？」

心配《しんぱい》したカルメンになでられても、メイジーは困《こま》ったようにクゥンと鼻《はな》を鳴《な》らすばかりです。

「おかしいなあ。こんなこと、はじめてだよ」

なんてことを言《い》っているピエールの口元《くちもと》は、どういうわけかうれしそうです。まるで、期待通《きたいどお》りの反応《はんのう》が返《かえ》ってきたと言《い》わんばかりの笑《え》みをうかべています。

「お腹《なか》でも空《す》いたのではないですか？　いくら優秀《ゆうしゅう》な迷路犬《めいろけん》といっても、かわいいところがありますなあ」

さらに不思議《ふしぎ》なことに、館長《かんちょう》まで、この状《じょう》きょうを楽《たの》しむようにニコニコと笑《わら》っているのでした。

先《さき》ほど、猿人《えんじん》たちに追《お》いつめられ、冷《ひ》やあせをかいていたことがうそのようです。

「あの優秀《ゆうしゅう》な怪盗《かいとう》のことです。とっくに博物館《はくぶつかん》をぬけ出《だ》して、街《まち》を飛《と》び回《まわ》っているにちがいありませんぞ」

「う～ん、それはどうかしら。怪盗X《かいとうエックス》は相当《そうとう》な目立《めだ》ちたがり屋《や》よ。私《わたし》たちを出《だ》しぬくならもっと派手《はで》に……例《たと》えば、あの2階《かい》にあるステンドグラス窓《まど》。あそこで演説《えんぜつ》でもしながら、さっそうと飛《と》び去《さ》るんじゃないかしら」

「ほお、それはいいアイデア……いや、名推理《めいすいり》ですな」

いよいよみょうなことを口《くち》走《ばし》る館長《かんちょう》を、ピエールはいぶかしげな目《め》で見《み》つめます。

「……そういえば、館長《かんちょう》。ブローチはどうしたんです」

「はて、ブローチ？」

「ええ。いつも美《うつく》しいモンシロチョウのブローチを、胸《むね》につけていたじゃないですか」

ピエールが館長《かんちょう》の胸元《むなもと》をトントンとたたくと、館長《かんちょう》は思《おも》い出《だ》したように手《て》を打《う》ちました。

「実《じつ》は、アレも怪盗《かいとう》X《エックス》に盗《ぬす》まれてしまったのです。まったく、あいつの手腕《しゅわん》には感心《かんしん》してばかりですぞ。ついでに取《と》り返《かえ》してもらえると助《たす》かるのですが」

「はあ……。それは無理《むり》な相談《そうだん》ですね」

きっぱりとお断《ことわ》りするピエールに、となりで見《み》ていたカルメンはぎょっとして、

「ちょっとピエール、失礼《しつれい》でしょ！」

と口《くち》をとがらせるのでした。

それでもピエールは、かたくなに首《くび》を横《よこ》にふります。

「だって、おかしいだろ――探偵《たんてい》が犯人《はんにん》の依頼《いらい》を受《う》けるなんて」

そう言《い》ってピエールはニヤリ。

ぼうしをかぶり直《なお》すと、今度《こんど》は館長《かんちょう》の顔《かお》をビシッと指差《ゆびさ》しました。

「さあ、怪盗X《かいとうエックス》。おとなしく正体《しょうたい》を現《あらわ》すんだ！」

「まさか……私《わたし》が怪盗X《かいとうエックス》だとおっしゃるのですか？」

「ええ、その通《とお》りです」

「迷路探偵《めいろたんてい》ともあろうお方《かた》が、なんと血迷《ちまよ》った推理《すいり》を……」

「僕《ぼく》は推理《すいり》も迷《まよ》いません。迷路探偵《めいろたんてい》ですから」

館長《かんちょう》からは、先《さき》ほどまでの優《やさ》しそうな笑《え》みは消《き》えていました。口角《こうかく》をつり上《あ》げ、なんともちょう発的《はってき》な目《め》でピエールを見《み》つめています。

「当然《とうぜん》、私《わたし》をうたがう根拠《こんきょ》はあるんでしょうね？」

ピエールは自信《じしん》たっぷりにうなずくと、自分《じぶん》の考《かんが》えを語《かた》り始《はじ》めました。

「もちろん、根拠《こんきょ》はあります。しかも三《みっ》つも。まず一《ひと》つ目《め》。あなたは怪盗X《かいとうエックス》がエレベーターで逃《に》げていった、と言《い》いましたが、なぜ怪盗X《かいとうエックス》だと分《わ》かったのでしょうか？　怪盗X《かいとうエックス》は衣装《いしょう》を着《き》がえているはず。X《エックス》が別《べつ》の格好《かっこう》をしていたなら、真《ま》っ先《さき》にその事実《じじつ》を僕《ぼく》たちに伝《つた》えなくてはおかしいのです」

言《い》い切《き》って、ピエールは館長《かんちょう》に寄《よ》りそうように座《すわ》っているメイジーを指差《ゆびさ》しました。

「そして二《ふた》つ目《め》。帰《かえ》ってきた迷路犬《めいろけん》メイジー。これは、メイジーがスランプにおちいったわけでも、怪盗X《かいとうエックス》がすでに館内《かんない》にいないわけでもありません。メイジーはにおいを追《お》って、ちゃんと犯人《はんにん》にたどり着《つ》いていたのです。そう、怪《かい》盗X《とうエックス》である館長《かんちょう》――あなたの元《もと》にね」

「それはそれは……確《たし》かにつじつまは合《あ》いますなあ」

たんたんと続《つづ》けるピエールに、館長《かんちょう》も負《ま》けじと言《い》い返《かえ》します。

「しかし、私《わたし》があなたたちに怪盗《かいとう》X《エックス》の変装《へんそう》を伝《つた》え忘《わす》れ、メイジー君《くん》はやっぱりスランプだった。そういう可能性《かのうせい》だってゼロではないですよね？」

「おっしゃる通《とお》り。だから三《みっ》つ目《め》の根拠《こんきょ》が必要《ひつよう》だったのです。あなたが本物《ほんもの》の館長《かんちょう》ではないという証拠《しょうこ》が」

ピエールは不敵《ふてき》なほほ笑《え》みをうかべ、自分《じぶん》の胸《むね》に手《て》を当《あ》てました。

「ブローチを取《と》り返《かえ》せなんて、館長《かんちょう》が言《い》うはずないんです。だって、館長《かんちょう》がモンシロチョウのブローチを大事《だいじ》にしていたなんて、一度《いちど》も聞《き》いたことがありません！　全《ぜん》部《ぶ》僕《ぼく》のはったりです。ないものは取《と》り返《かえ》せない、そうでしょう？」

「フフ……なかなかやるなあ、迷路探偵《めいろたんてい》くん」

館長《かんちょう》がくるりと回転《かいてん》しながら衣服《いふく》をぬぎ去《さ》ると、たちまち、怪盗《かいとう》X《エックス》が姿《すがた》を現《あらわ》しました。

「怪盗X《かいとうエックス》……いったいいつから……！」

「キミたちが私《わたし》を探《さが》し始《はじ》めたとき、すきを見《み》て入《い》れかわったんだ。もちろん、ケガはさせてないよ。今《いま》ごろ、トイレの個室《こしつ》で休《きゅう》けい中《ちゅう》さ」

怪盗X《かいとうエックス》はケタケタと笑《わら》い声《ごえ》をあげると、笑顔《えがお》をうかべたままピエールをじっと見《み》つめます。

「せっかく館長《かんちょう》になりすまして、他《ほか》の所蔵品《しょぞうひん》も盗《ぬす》もうと思《おも》っていたのに……キミのせいで台《だい》なしだ。まったく、これで二度目《にどめ》だよ？　キミが私《わたし》の計《けい》画《かく》をご破算《はさん》にするのは……」

怪盗X《かいとうエックス》は楽《たの》しそうな、けれども少《すこ》し責《せ》めるような口調《くちょう》で言《い》いました。

「二度目《にどめ》？　いったい何《なん》のこと？」

「まさか、覚《おぼ》えがないのかい？　キミのせいで私《わたし》は予告状《よこくじょう》なしで決《けっ》行《こう》するはめになったんだぞ？」

　ぼかんとするピエールに、怪盗《かいとう》X《エックス》はやれやれと肩《かた》をすくめました。

「赤《あか》い封《ふう》ろうに、X《エックス》とおされた封《ふう》筒《とう》が届《とど》いただろう？　迷路《めいろ》といえば迷路探偵《めいろたんてい》と聞《き》いたから、キミの元《もと》に予告状《よこくじょう》を届《とど》けたっていうのに……予告状《よこくじょう》はいっこうに発表《はっぴょう》されなかった。いったいどういうつもりだい？」

「ええ……？　そんなもの届《とど》いたかな？」

「……ピエール、ポストなんて自分《じぶん》で確認《かくにん》したことある？」

記憶《きおく》を探《さぐ》ろうと考《かん》えこんでいるピエールに、カルメンはあきれたようにつぶやきます。

ピエールの代《か》わりに、毎日《まいにち》ポストの中身《なかみ》を片付《かたづ》けているのはカルメンでした。そうでなければ、ずぼらなピエールは、あっというまにポストを郵便物《ゆうびんぶつ》でパンパンにしてしまいます。

「大事《だいじ》そうなとどけ物《もの》は、ぜんぶ机《つくえ》の上《うえ》に置《お》いてるわよ？　まあ、それも山積《やまづ》みになって、タワーみたいになってるけどね……」

「そうだったんだ。いつもありがとう、カルメン」

「えっ？　今《いま》知《し》ったの？」

「ハハハ！　とんだ名探偵《めいたんてい》もいたものだ。もう少《すこ》し身《み》の回《まわ》りを気《き》にしたまえ」

「あの、僕《ぼく》は名探偵《めいたんてい》じゃなくて、迷路探偵《めいろたんてい》……」

「いいや？　キミは名探偵《めいたんてい》でも迷路探偵《めいろたんてい》でもない。迷惑探偵《めいわくたんてい》さッ！」

まさか怪盗《かいとう》に説教《せっきょう》されようとは。

困《こま》ったように顔《かお》を見合《みあ》わせるピエールとカルメンですが、怪盗X《かいとうエックス》は勝《か》ちほこったように続《つづ》けます。

「フフ、まあいいさ。　迷路《めいろ》ストーンを使《つか》って世界《せかい》をメチャクチャにすれば、この気持《きも》ちも多少《たしょう》は晴《は》れるだろうからね！　せいぜい自《みずか》らの無能《むのう》さをくやむといい」

「くやむのはあなたのほうよ、迷路《めいろ》ストーンを返《かえ》しなさい！」

カルメンが怪盗Ｘ《かいとうエックス》をつかまえようと身《み》を乗《の》り出《だ》したとき、ブーンブーンというきみょうな音《おと》が、ピエールたちの背中《せなか》にせまってきました。

はっとふり返《かえ》れば、人間《にんげん》の数倍大《すうばいおお》きな昆虫《こんちゅう》の群《む》れが、こちらにむかって飛《と》んでくるではありませんか。

「わっ危《あぶ》ない！」

ピエールがとっさにカルメンをつかみ、身《み》をふせさせると、頭上《ずじょう》を突風《とっぷう》と共《とも》に虫《むし》たちが飛《と》びぬけていきました。

そのすきに、怪盗Ｘ《かいとうエックス》は待《ま》ってましたと言《い》わんばかりの素早《すばや》さで、昆虫《こんちゅう》のむれの中《なか》の一匹《いっぴき》――クワガタの足《あし》に手持《ても》ちのロープを引《ひ》っかけると、そのまま二《に》階《かい》の窓《まど》へ一直線《いっちょくせん》。

あっという間《ま》に、屋外《おくがい》へと飛《と》び去《さ》ってしまいました。

「では探偵《たんてい》くん、さらばだ！」

「たいへん。追《お》いかけないと！」

ピエールたちは急《いそ》いで二階《にかい》にかけ上《あ》がると、青空《あおぞら》を目指《めざ》して飛《と》び去《さ》ろうとする昆虫《こんちゅう》たちの背《せ》にえいと飛《と》び乗《の》り、怪盗X《かいとうエックス》に続《つづ》くのでした。

# 空《くう》中《ちゅう》追《お》いかけっこ

「これ、展示《てんじ》されていた巨大昆虫《きょだいこんちゅう》のレプリカだよね？　ゴムでできているのかな、ちょっとザラザラするよ」

晴《は》れわたる青空《あおぞら》の中《なか》、風《かぜ》にあおられながら気持《きも》ちよさそうにつぶやくピエールに対《たい》し、カルメンは青《あお》い顔《かお》でチョウの背《せ》にしがみついています。

「そんなことより、はやく怪盗X《かいとうエックス》をなんとかして！　わたし、高《たか》いところは苦《にが》手《て》なのよ……」

先《さき》ほどまでいた博物館《はくぶつかん》の屋根《やね》がずいぶん遠《とお》くにあるのを見《み》て、カルメンはめまいを起《お》こしそうになりました。

「そうなの？　じゃあ、なるべく足下《あしもと》は見《み》ない方《ほう》がいいよ。気分《きぶん》が悪《わる》くなっちゃうから……」

「も、もうおそいわよぉ……」

「アハハハ！　いせいのいいおじょうさんも、空《そら》の上《うえ》ではかわいいものだね」

そう高《たか》らかに声《こえ》をかけてきたのは怪盗Ｘ《かいとうエックス》です。

クワガタにぶら下《さ》がり、優雅《ゆうが》に空《そら》の旅《たび》を満《まん》きつしています。

「怪盗Ｘ《かいとうエックス》！　いったいどこまで逃《に》げるつもりだ！」

「キミこそ、どこまで追《お》いかけるつもりなんだい？　迷惑探偵《めいわくたんてい》くん」

「あなたもしつこいなあ。迷惑《めいわく》じゃなくて、迷路探偵《めいろたんてい》なんだってば……」

おし問答《もんどう》をくり広《ひろ》げつつ、ピエールは怪盗Ｘ《かいとうエックス》のすきをじっとうかがっていました。

しかし飛行《ひこう》するクワガタムシとカブトムシの速度《そくど》は五分五分《ごぶごぶ》で、いつまでたっても距離《きょり》は縮《ちぢ》まりそうにありません。

「フフフ、ただ追《お》いかけっこをするだけじゃあつまらないね。どれ、迷路《めいろ》ストーンの力《ちから》を試《ため》してみるか」

怪盗Ｘ《かいとうエックス》が何《なに》か思《おも》いついたのか、ふり向《む》きざまに、ニヤリと笑《わら》いました。

そして、ふところからアメ色《いろ》の石《いし》――コハクをいくつか取《と》り出《だ》します。

「そんな物《もの》も盗《ぬす》んでいたのか」

「どうだい、きれいだろう。これは虫入《むしい》りコハクといって、中《なか》に昆虫《こんちゅう》が閉《と》じこめられているんだよ。特別《とくべつ》にご覧《らん》あれ」

そう言《い》って、怪盗《かいとう》X《エックス》は奇妙《きみょう》な言葉《ことば》をブツブツと唱《とな》えはじめました。

　すると、X《エックス》がかかえていた迷《めい》路《ろ》ストーンが、にわかに光《ひか》りを放《はな》ち、そのかがやきに応《こた》えるように、コハクがむくむくと大《おお》きくなっていきました。

　そして、石《いし》の中《なか》から巨大《きょだい》なスズメバチが、何匹《なんびき》も飛《と》び出《だ》してきます。

「なるほど。迷路《めいろ》ストーンの魔力《まりょく》があるとこんなこともできるのか」

「さあ、はやくなんとかしないと、針《はり》でさされてしまうよ！」

「どうしよう、ピエール……」

「大丈夫《だいじょうぶ》。こっちに逃《に》げるんだ！」

ピエールは、カブトムシのツノをつかんで方向《ほうこう》を変《か》えると、そばにうかんでいたぶあつい雲《くも》へ飛《と》びこみました。ピエールの後《あと》にカルメンも続《つづ》きます。

すると……ハチの大群《たいぐん》はピエールたちを追《お》うことなく、方向《ほうこう》変《か》えて怪盗《かいとう》X《エックス》におそいかかるではありませんか！

「いったい何《なに》が起《お》きたのかしら？」

「ハチは黒《くろ》いものにおそいかかる習性《しゅうせい》があるんだ。僕《ぼく》たちが雲《くも》にかくれちゃえば、怪盗《かいとう》Ｘ《エックス》の黒《くろ》いマントがよく目立《めだ》つ」

「こらこら。こっちに来《く》るんじゃない！」

怪盗《かいとう》Ｘ《エックス》も必死《ひっし》に追《お》いはらおうとしますが、マントをひらつかせたのでは、逆効果《ぎゃくこうか》です。

ハチはますます興奮《こうふん》した様子《ようす》で怪盗《かいとう》Ｘ《エックス》におそいかかり、Ｘ《エックス》のロープはハチのするどい針《はり》によって、あっという間《ま》に切《き》られてしまいました。宙《ちゅう》に放《ほう》り出《だ》された怪盗《かいとう》Ｘ《エックス》は、足下《あしもと》の森《もり》にむかって真《ま》っ逆《さか》さま——と、思《おも》われましたが、さすがはすご腕《うで》の怪盗《かいとう》です。

とっさのひらめきで、こしにあったひもを引《ひ》っ張《ぱ》ると、落下《らっか》の風圧《ふうあつ》を受《う》けたパラシュートが、ぱっと花開《はなひら》きました。

あざやかな赤《あか》のパラシュートは、風《かぜ》にゆさぶられながら、少《すこ》しずつ小《ちい》さくなっていき、やがて森《もり》の中《なか》へ、完全《かんぜん》に姿《すがた》をくらませてしまいました。

「しまった！　僕《ぼく》たちも森《もり》へ急《いそ》ごう」

# 迷子《まいご》の森《もり》

ピエールたちが乗《の》っていたカブトムシは、森《もり》でひときわ目立《めだ》つ大《おお》きな木《き》の幹《みき》にとまりました。

他《ほか》の昆虫《こんちゅう》たちも木々《きぎ》にとまってみつを吸《す》ったり、森《もり》の中《なか》を飛《と》び回《まわ》ったり、博《はく》物館《ぶつかん》で暮《く》らしていたときには味《あじ》わえなかった自由《じゆう》をめいっぱい満《まん》きつしている様子《ようす》です。

「世話《せわ》になったね」

ピエールは自分《じぶん》を乗《の》せてくれたカブトムシにお礼《れい》を言《い》うと、背《せ》をすべり降《お》りて、草《くさ》の上《うえ》へと着地《ちゃくち》しました。メイジーも短《みじか》くほえて、草《くさ》が生《お》い茂《しげ》った地面《じめん》へ飛《と》びおります。

あたりの森《もり》の中《なか》はうす暗《ぐら》く、太陽《たいよう》をさえぎるように木々《きぎ》がからみ合《あ》っていました。

四方八方《しほうはっぽう》にけもの道《みち》がのびていますが、どの道《みち》もヘビのようにぐねぐねと曲《ま》がっていて、迷路化現象《めいろかげんしょう》が発生《はっせい》しているとみて間《ま》ちがいなさそうです。

もしやと思《おも》いピエールがふところからコンパスを取《と》り出《だ》すと、コンパスの針《はり》は目《め》が回《まわ》ったように、ぐるぐると回転《かいてん》していました。

これでは方角《ほうがく》も確認《かくにん》できません。

それでもピエールは、さすが迷路探偵《めいろたんてい》といったところでしょうか。

これはなかなか取《と》り組《く》みがいのある迷宮《めいきゅう》だぞ、と場《ば》ちがいにワクワクしているのでした。

「あれ？　そういえば、カルメンは？」

ピエールに問《と》いかけられて、メイジーは困《こま》ったように耳《みみ》をパタパタ。

もちろん、カルメンからの返事《へんじ》もありません。

どうやらはぐれてしまったようです。

「やれやれ。迷路化《めいろか》した森《もり》で迷子《まいご》なんて、海《うみ》でおぼれるよりもやっかいだぞ」

ピエールはため息《いき》をつきますが、メイジーはクンクンとあたりのにおいをかいで、すっかり捜索《そうさく》モードです。

「メイジー。もしかして、カルメンがどこに行《い》ったか、分《わ》かるのかい？」

「ワン！」

メイジーは自信《じしん》ありげにほえてみせると、目《め》の前《まえ》のけもの道《みち》へと飛《と》びこんでいきました。ピエールも、虫眼鏡《むしめがね》を取《と》り出《だ》してメイジーの後《あと》を追《お》いかけます。

「迷《まよ》い知《し》らずのこの僕《ぼく》に、**見《み》つけられない出口《でぐち》はない！**」

さあ、険《けわ》しい森《もり》の迷路《めいろ》のはじまりです。

START

GOAL

# 落《お》としもの

森《もり》の中《なか》は、木《き》がしげるばかりで、いくら歩《ある》いても同《おな》じ景色《けしき》が続《つづ》いているように見《み》えます。

このまま一生《いっしょう》ここから出《で》られないのではないか、と悪《わる》い考《かんが》えがうかんでもおかしくはない不気味《ぶきみ》さです。

しかしピエールの足取《あしど》りは軽《かる》く、ウキウキと森《もり》の散歩《さんぽ》を楽《たの》しんでいる様子《ようす》でした。

ピエールにだってこわいものがないわけではありません。

それでも、道《みち》のわきに生《は》えている草花《くさばな》や、自然《しぜん》の中《なか》にひびく虫《むし》の声《こえ》、木《こ》の葉《は》をさらいながらふきぬける風《かぜ》のにおいを味《あじ》わっていると、おそろしく思《おも》う気持《きも》ちはどこかにふき飛《と》んでしまうのでした。

やがて長《なが》い細道《ほそみち》にも終《お》わりがやってきて、ピエールたちはひらけた空間《くうかん》のある行《い》き止《ど》まりにたどり着《つ》きました。

頭上《ずじょう》の木々《きぎ》のすき間《ま》からは、わずかに光《ひかり》が差《さ》しこんでおり、草《くさ》の上《うえ》では、光《ひかり》を受《う》けた何《なに》かがキラリとかがやいています。

それを見《み》のがさなかったメイジーは、はねるようにかけ出《だ》し、光《ひかり》の前《まえ》で尻尾《しっぽ》をぶんぶんとふります。

ピエールが近《ちか》づいて確認《かくにん》すると、かわいらしいピンクのぼうしが落《お》ちていました。

ふだん、カルメンがかぶっている物《もの》と同《おな》じものです。

「さすが、メイジー」

ピエールはメイジーの頭《あたま》をひとしきりなでた後《あと》、行《い》き止《ど》まりにみえた草木《くさき》をしんちょうにかき分《わ》け、さらに奥《おく》に進《すす》んでいきました。

すると、杉《すぎ》の木立《こだち》にかくれるようにひっそりと、大《おお》きな洋館《ようかん》が建《た》っているではありませんか。

古風《こふう》な造《つく》りではありましたが、人気《ひとけ》のない場所《ばしょ》に建《た》てられているのが場《ば》ちがいに感《かん》じられるほど、はなやかで立派《りっぱ》な外観《がいかん》をしていました。

ただし、窓《まど》はカーテンといっしょに閉《し》め切《き》られており、人《ひと》を寄《よ》せつけない冷《つめ》たい雰囲気《ふんいき》をただよわせています。

ピエールは、こんなところにカルメンが一人《ひとり》で入《はい》るかな……と考《かんが》えて、カルメンがむかし、オバケをつかまえると言《い》って自分《じぶん》を真夜中《まよなか》の墓地《ぼち》に連《つ》れ出《だ》したことを思《おも》い出《だ》しました。

カルメンは、高《たか》いところ以外《いがい》なら、なんだってへっちゃらなのです。

むしろ、好奇心《こうきしん》がかきたてられて、すすんで入《はい》っていくに決《き》まっています。

「やれやれ。どうやら調《しら》べない理由《りゆう》がなさそうだ」

## 怪《あや》しい洋《よう》館《かん》

ピエールたちは館《やかた》の門前《もんぜん》に回《まわ》り、そなえつけのベルを鳴《な》らしました。

キィイイ……

すると、不気味《ぶきみ》な音《おと》をたてて、玄関《げんかん》のドアがひとりでに開《ひら》きました。

とびらの先《さき》は真《ま》っ暗《くら》やみで、とても人《ひと》が住《す》んでいるようには感《かん》じられません。

「すみません、だれかいますかー？」

暗《くら》やみはしんと静《しず》まりかえり、ピエールの声《こえ》がさみしくひびきます。

「ふむ……」

ためしにピエールは、一歩《いっぽ》、館《やかた》の中《なか》にふみこんでみました。

すると、ギイギイと床板《ゆかいた》がきしみ、ほこりっぽいにおいが広《ひろ》がります。

よくよく目《め》をこらせば、暗《くら》い廊下《ろうか》がずっと続《つづ》いているのだと分《わ》かりました。

「ずいぶん暗《くら》いなあ」

ピエールがだれに言《い》うでもなくつぶやくと、どういうわけか、入《い》り口《ぐち》のかべに取《と》りつけられていたロウソクがぱっと灯《とも》りました。

まるで見《み》えない何《なに》かがピエールの言葉《ことば》に答《こた》えたようです。

さすがのピエールもこれにはゾッとしましたが、こんなおそろしいところにカルメンが一人《ひとり》でいるなんて——本人《ほんにん》がこわがっているかは別《べつ》として、はやく助《たす》けたいのが友達心《ともだちごころ》です。

ピエールはかべのロウソクを手《て》に取《と》り、しんちょうに奥《おく》へと進《すす》んでいきました。

## 美《うつく》しい絵画《かいが》

館《やかた》の中《なか》は迷路化《めいろか》のえいきょうでしょうか、なかなかどうして入《い》り組《く》んでいましたが、ピエールは慣《な》れたもので、床《ゆか》にうめこまれた絵画《かいが》をながめ、らせん階《かい》段《だん》に飛《と》びこみ、かべから生《は》える謎《なぞ》のボタンをポチポチおしながら、ぐんぐん先《さき》へと進《すす》んでいきます。

やがて、つきあたりのかべにたどり着《つ》くと、そこにはひときわ大《おお》きな絵画《かいが》がかざられていました。やや色《いろ》あせていますが、メイド服《ふく》を着《き》た美《うつく》しい女性《じょせい》がえがかれています。

「あら、お客《きゃく》さんですの？」

鈴《すず》の鳴《な》るような美《うつく》しい声《こえ》が、絵画《かいが》の方角《ほうがく》から、ピエールに語《かた》りかけました。

ピエールは、キョロキョロと見《み》わたして、声《こえ》の主《ぬし》を探《さが》しますが、人《ひと》かげも、スピーカーも見当《みあ》たりませんでした。

もしかしたら、かべのむこうに空間《くうかん》があるのかもしれません。

しかし、ピエールが絵画《かいが》に耳《みみ》をつけると、

「あらやだ、くすぐったいですわ……」

なんて声《こえ》がして、絵画《かいが》がガタガタとふるえるのでした。

「もしかして……絵《え》の君《きみ》がしゃべってるの……？」

「ふふふ、他《ほか》にだれがいるっていうのかしら？」

「すごい。迷路化《めいろか》が進行《しんこう》するとこんな不思議《ふしぎ》なことも起《お》きるのか」

「……？　迷路化《めいろか》、ってなんです？」

「え、知《し》らないのかい？」

「ええ、まったく。ワタクシはふだんからこうですわ。なんたってここはドラキュラ伯爵《はくしゃく》の館《やかた》ですからね」

「ドラキュラ伯爵《はくしゃく》？」

「ワタクシの主《あるじ》です。この館《やかた》では、伯爵《はくしゃく》に拾《ひろ》われたはぐれオバケが身《み》を寄《よ》せ合《あ》って暮《く》らしていますの」

言《い》われてみれば、ピエールも街《まち》のうわさ話《ばなし》で聞《き》いたことがありました。

森《もり》の奥深《おくふか》くには、たくさんのオバケが暮《く》らしているから、一人《ひとり》で入《はい》ってはいけないと。

「自己《じこ》しょうかいがまだでしたわね。ワタクシはモナ。見《み》ての通《とお》り、絵《え》にえがかれたメイドですわ」

「たしかに、君《きみ》は絵《え》みたいだけど……」

「まあ！　絵《え》みたいに美《うつく》しいだなんて……オホホ。ほめても何《なに》も出《で》ませんことよ！」

絵画《かいが》は口《くち》も動《うご》かさず、ケラケラと笑《わら》い声《ごえ》をあげました。

「おむかえにあがれなくてごめんなさいね。いつもは玄関《げんかん》でお客様《きゃくさま》の案内《あんない》をしているのですけど、急《きゅう》に館《やかた》が迷路《めいろ》のようになって……こんなところに取《と》り残《のこ》されてしまったの」

「なるほど、それで無人《むじん》だったのか。ちなみに、僕以外《ぼくいがい》のお客《きゃく》さんは来《き》た？」

「そうねえ。ベルは3回鳴《かいな》ったみたいですけど……会《あ》ったのはあなたたちだけですわ」

ベルが3回鳴《かいな》ったと聞《き》いてピエールは、カルメンだけではなく怪盗《かいとう》X《エックス》も館《やかた》に来《き》ているのかもしれない、と思《おも》いました。

それなら館《やかた》が迷路化《めいろか》していることにもつじつまがあいます。

「実《じつ》は友達《ともだち》を探《さが》していて。ドラキュラ伯爵《はくしゃく》に会《あ》ってたずねたいのですが……今《いま》どこに？」

「伯爵《はくしゃく》は、私室《ししつ》で引《ひ》きこもってらっしゃいます。日《ひ》が暮《く》れないうちは、けっして館《やかた》を出《で》ませんもの。ただ……」

言《い》いよどんで、モナはピエールたちのやってきた道《みち》を、絵《え》の具《ぐ》でえがかれたかわいた目《め》でじっと見《み》つめます。

迷路化《めいろか》した道《みち》は刻一刻《こくいっこく》と形《かたち》を変《か》えていました。

さきほどピエールが通《とお》った廊下《ろうか》はすでになく、今《いま》はごうかな両開《りょうびら》きのとびらが立《た》ちふさがっています。

「案内《あんない》するのは難《むずか》しそうですわね……」

「館《やかた》にいることが分《わ》かれば十分《じゅうぶん》です。僕《ぼく》は迷《まよ》っても、迷路探偵《めいろたんてい》。この館《やかた》の迷《めい》路《ろ》も必《かなら》ず、解《と》き明《あ》かしてみせます」

ピエールは自信《じしん》たっぷりにモナにほほえみました。

「まあ、男《おとこ》らしい！」

心《こころ》なしか、モナのほほの絵《え》の具《ぐ》も赤《あか》みをさしたようです。

「微力《びりょく》ながら、ワタクシもお手伝《てつだ》いしますわ。エアー！」

モナの声《こえ》が廊下《ろうか》にひびくと、かべからにゅうっと半《はん》とう明《めい》の白《しろ》いけむりが立《た》ち上《のぼ》りました。

けむりは不思議《ふしぎ》なことに広《ひろ》がらず、吸《す》い寄《よ》せられるようにモナの前《まえ》に集《あつ》まると、モクモクと形《かたち》を変《か》え、やがて小《ちい》さなゴーストの姿《すがた》になりました。

「エアー。あなた、お客《きゃく》さまが伯爵《はくしゃく》の私室《ししつ》に着《つ》いたら、合図《あいず》をしてくださる？」

エアーは宙《ちゅう》でくるりと回《まわ》ると、ピエールの持《も》っていたロウソクに頭《あたま》から飛《と》びこみます。

すると、ロウソクの炎《ほのお》は青《あお》く変化《へんか》し、冷《つめ》たい光《ひかり》をピカピカとはなちました。

「これで多少《たしょう》は分《わ》かりやすくなるはずですわ」

「モナさん、エアー。ありがとう」

ピエールはぺこりとおじぎをすると、背後《はいご》のとびらから伯爵《はくしゃく》探《さが》しに出《で》かけました。

**「ホホホ……人間《にんげん》の子供《こども》がやって来《き》たと知《し》ったら、伯爵《はくしゃく》はたいそうお喜《よろこ》びになるわあ……」**

だれもいなくなった廊下《ろうか》で、ぽつりとモナがつぶやきました。

とびらの先《さき》では、オバケたちがダンスパーティーを開《かい》さい中《ちゅう》。
見《み》つからずに部屋《へや》をぬけることはできるかな？

GOAL

## えものはお前《まえ》だ！

オバケたちのダンス会場《かいじょう》を通《とお》りぬけて、長《なが》い回廊《かいろう》を曲《ま》がると、つきあたりに4つのとびらが現《あらわ》れました。

ピエールがどのとびらに入《はい》ろうか迷《まよ》っていると、とつぜん、エアーがとりついたロウソクの炎《ほのお》がメラメラとかがやきました。

ためしにピエールがロウソクをとびらの前《まえ》にかざすと、3番《ばん》目《め》のとびらの前《まえ》だけ、ゆらゆらと大《おお》きな炎《ほのお》が灯《とも》ります。

「こっちが正解《せいかい》なのかい？」

エアーは声《こえ》こそ出《だ》しませんが、答《こた》えるように炎《ほのお》をゆらします。

かくして、ピエールたちは館《やかた》の迷路《めいろ》を迷《まよ》わず進《すす》むことができました。


しばらく歩《ある》いて、ピエールたちは、赤《あか》と黒《くろ》でいろどられたゴシック調《ちょう》の廊下《ろうか》へたどり着《つ》きました。いちばん奥《おく》には黒《くろ》いとびらがあり、天井《てんじょう》ではたくさんのコウモリがねむっています。

「ここがドラキュラ伯爵《はくしゃく》の部屋《へや》なのかい？」

ピエールがロウソクをゆらしてたずねれば、エアーはより大《おお》きな炎《ほのお》を灯《とも》らせて答《こた》えました。

ピエールはだまってうなずいて、コウモリたちを起《お》こさないよう、とびらの前《まえ》までしのび足《あし》で近《ちか》づくと、とびらに耳《みみ》をはりつけます。

「きゃあああああ！」

すると、中《なか》から女《おんな》の子《こ》の悲鳴《ひめい》が聞《き》こえてくるではありませんか！

ピエールはあわてて、とびらを開《ひら》きました。

とびらを開《あ》けるとそこには、電気《でんき》を消《け》した暗《くら》い部屋《へや》の中《なか》で、吸血鬼《きゅうけつき》がさけぶ女《おんな》の子《こ》の腕《うで》をつかみ、するどいキバで今《いま》にも首《くび》にかみつこうとせまるおそろしい姿《すがた》が――。

……ということもなく。

テレビの前《まえ》のソファーに座《すわ》り、映画《えいが》を観《み》るドラキュラ伯爵《はくしゃく》とカルメンの姿《すがた》がありました。

「ひいいい、吸血鬼《きゅうけつき》とは、なんとおそろしい……！」

「でも、あなたも吸血鬼《きゅうけつき》だから、人《ひと》をおそったり……」

「まさか！　私《わたし》は血液《けつえき》アレルギーなのですぇ！　トマトジュースしか飲《の》めません」

「あなた、血《ち》が飲《の》めないの？　ふふ、そんな吸血鬼《きゅうけつき》聞《き》いたことないわ」

楽《たの》しげに談笑《だんしょう》する様子《ようす》をみるに、すっかり仲良《なかよ》くなっているようです。

ピエールはほっと胸《むね》をなで下《お》ろしました。

「いやあ、カルメンさんが来《き》てくれて本当《ほんとう》に助《たす》かりました。ここで暮《く》らすオバケはみんなこわがりで、ホラー映画《えいが》には付《つ》き合《あ》ってくれないんですよ」

ピエールがカルメンの友達《ともだち》だと知《し》ったドラキュラ伯爵《はくしゃく》は、ピエールたちをお茶会《ちゃかい》へと招待《しょうたい》しました。

使《つか》いのゴーストが、テーブルに紅茶《こうちゃ》と甘《あま》いマシュマロを運《はこ》んできます。

「ごめんねピエール。心配《しんぱい》かけて」

カルメンは、館《やかた》で迷子《まいご》になっていたところを伯爵《はくしゃく》に助《たす》けてもらい、たのみを断《ことわ》れなかったのだと説明《せつめい》しました。

「気《き》にしないで。むしろ感謝《かんしゃ》したいくらいだよ、もしかするとこの館《やかた》に怪盗《かいとう》X《エックス》がいるかもしれないんだ」

「して、怪盗《かいとう》X《エックス》とは？」

ドラキュラ伯爵《はくしゃく》がトマトジュースの入《はい》ったビンを開《あ》けながら、ピエールにたずねました。

「この館《やかた》を迷路《めいろ》にした犯《はん》人《にん》なんだ。伯爵《はくしゃく》は、僕《ぼく》たち以外《いがい》のお客《きゃく》さんを見《み》なかった？」

「見《み》ていません。しかし、私《わたし》たちはずっと映画《えいが》を観《み》ていましたからね……」

「じゃあ、君《きみ》たちは？」

お菓子《かし》を運《はこ》んでいたゴーストは顔《かお》を見合《みあ》わせ、いっせいに首《くび》を横《よこ》にふりました。

「もしかしたら、さっさと館《やかた》を通《とお》りぬけて行《い》っちゃったのかも。急《いそ》いだ方《ほう》がいいんじゃない？」

「そうだなあ……せっかくだし、もう少《すこ》しお茶《ちゃ》を楽《たの》しんでからにしようかな」

いったいどういう風《かぜ》のふき回《まわ》しでしょう。

三度《さんど》の飯《めし》より迷路《めいろ》大好《だいす》きのピエールが、お茶《ちゃ》を楽《たの》しみたいだなんて。

ちょっと意外《いがい》な回答《かいとう》に、カルメンが肩《かた》をすくめます。

「にげられても知《し》らないわよ？」

「まあまあ。ここはめったに客人《きゃくじん》が来《き》ませんからね、ゆっくりしていってください」


「ところで伯爵《はくしゃく》、ひとつお願《ねが》いがあるのですが」

「はい、なんでしょう？」

ピエールは伯爵《はくしゃく》に顔《かお》を近《ちか》づけて、耳打《みみう》ちしました。

「それならお安《やす》いご用《よう》ですよ。帰《かえ》りまでにご用意《ようい》しましょう」

ピエールは何《なに》を伝《つた》えたのか、伯爵《はくしゃく》はハツラツとした笑顔《えがお》をうかべました。

「そのかわりに、こちらからもひとつお願《ねが》いがあります」

ドラキュラ伯爵《はくしゃく》は、トマトジュースの入《はい》ったワイングラスを手《て》にとって言《い》いました。

「その怪盗X《かいとうエックス》について、もっと教《おし》えていただけませんか？　森《もり》で暮《く》らしていると流行《りゅうこう》にうとくて……」

都会《とかい》の話題《わだい》にうえているのです！　と、ドラキュラ伯爵《はくしゃく》は興味《きょうみ》しんしんにたずねました。

しかし、カルメンは怪盗X《かいとうエックス》が注目《ちゅうもく》されて、なんだか面白《おもしろ》くない気持《きも》ちです。

「いいけど、ロクなやつじゃないわよ。ちょっと腕《うで》利《き》きだからっていい気《き》になっている大泥棒《おおどろぼう》で、キザだし、えらそうだし、最悪《さいあく》なんだから」

「ほう……。それはそれは、相当《そうとう》な問題児《もんだいじ》ですな」

「そうなの。それにドジなのよ。さっきだって、ハチに刺《さ》されそうになって森《もり》に落《お》っこちていってね……」

「なんとマヌケな！」

「もしかしたら着地《ちゃくち》にも失敗《しっぱい》して、今《いま》ごろ倒《たお》れているのかも」

「それでは、今《いま》ごろ大《おお》けがをして、ミイラ男《おとこ》になっているかもしれませんね！」

後《うし》ろで聞《き》いていたゴーストたちも、これには声《こえ》をあげて笑《わら》いました。

「だまって聞《き》いていれば、ちょっと大《おお》げさなんじゃないかい？」

話《はなし》を聞《き》いていたゴーストのひとりが、かぶっていた白《しろ》いシーツをぬぎ去《さ》りました。

――すると、そこには不満《ふまん》げな顔《かお》の怪盗X《かいとうエックス》がいるではありませんか！

「怪盗《かいとう》Ｘ《エックス》!?」

「いいかげんなうわさはひかえてもらいたいね。その……このケガは、キミたちへのハンデだ！」

どうやらピエールたちの予想《よそう》は的《まと》を射《い》ていたようで、怪盗《かいとう》Ｘ《エックス》は左腕《さわん》と右足《みぎあし》に包帯《ほうたい》を巻《ま》いていました。

館《やかた》へにげこんだのは、傷《きず》ついた体《からだ》を休《やす》めていたからでしょうか。

「おおっ、ピエールくんのねらい通《とお》りでしたね」

怪盗《かいとう》Ｘ《エックス》の登場《とうじょう》にも、ドラキュラ伯爵《はくしゃく》は不思議《ふしぎ》と平静《へいせい》でした。

「ねらいって？」

「これだけ館《やかた》の迷路《めいろ》が複雑《ふくざつ》なら、原因《げんいん》の迷路《めいろ》ストーンはまだ近《ちか》くにあると思《おも》ったんだ。だから怪盗《かいとう》Ｘ《エックス》をあぶり出《だ》すため、ドラキュラ伯爵《はくしゃく》に協力《きょうりょく》してもらったのさ」

すると、さきほどの怪盗《かいとう》Ｘ《エックス》への悪口《わるぐち》は、ピエールの作戦《さくせん》だったようです。

ピエールとドラキュラ伯爵《はくしゃく》は、先《さき》ほどの耳打《みみう》ちで話《はなし》を合《あ》わせ、裏《うら》で協力《きょうりょく》していたのでした。

「なんて探偵《たんてい》だ……。どんな事《じ》情《じょう》があったって、人《ひと》の悪口《わるぐち》は言《い》うものじゃないぞ！」

「君《きみ》に説教《せっきょう》されるのもうんざりだよ。おとなしくお縄《なわ》につくんだ！」

ピエールたちは、怪盗《かいとう》X《エックス》を捕《つか》まえようと、みんなで囲《かこ》い込《こ》みました。

X《エックス》は、どんどん壁《かべ》ぎわへと追《お》いつめられていきます。

「フフ、そう簡単《かんたん》にはつかまらないよ」

怪盗X《かいとうエックス》はふところからボールのようなものを取《と》り出《だ》すと、ピエールめがけて勢《いきお》いよく投《な》げつけました。

「危《あぶ》ない！」

ドラキュラ伯爵《はくしゃく》はさっと自分《じぶん》のマントでピエールたちをおおいかくしました。

ボールは伯爵《はくしゃく》のマントにぶつかると、もくもくけむりをあげて、部屋《へや》の中《なか》を真《ま》っ白《しろ》にします。

これでは怪盗X《かいとうエックス》どころか、自分《じぶん》のいる場所《ばしょ》も分《わ》かりません。

「アッハッハッハッハッハッハッハッ……！」

怪盗X《かいとうエックス》の高《たか》らかな笑《わら》い声《ごえ》が、みるみる遠《とお》ざかっていきます。

「ゴースト！」

ドラキュラ伯爵《はくしゃく》が呼《よ》びかけると、ゴーストのひとりが大《おお》きな口《くち》をあけて、けむりをすぅうっと吸《す》いこみました。

ゴーストの体《からだ》がみるみるふくらみ、あたりのけむりをあっという間《ま》に吸《す》いこみましたが、怪盗Ｘ《かいとうエックス》の姿《すがた》はどこにも見当《みあ》たりませんでした。かわりに、部屋《へや》の窓《まど》が開《あ》け放《はな》たれており、きれいな夕焼《ゆうや》けが広《ひろ》がっています。

「さあ、急《いそ》いで。あのケガですから、まだ遠《とお》くには行《い》っていないはずです」

ドラキュラ伯爵《はくしゃく》はコウモリたちに命令《めいれい》をして、怪盗Ｘ《かいとうエックス》を探《さが》すように命《めい》じました。コウモリたちが次《つぎ》つぎ、窓《まど》の外《そと》へ飛《と》び立《た》っていきます。

「ありがとう、伯爵《はくしゃく》」

「またいつでも遊《あそ》びに来《き》てください。かんげいしますよ」

「もちろん」

「迷路《めいろ》でお困《こま》りの際《さい》には、迷路探偵《めいろたんてい》をよろしくね！」

ピエールたちはドラキュラ伯爵《はくしゃく》とあく手《しゅ》をし、たくさんのオバケたちに見《み》送《おく》られながら、館《やかた》をあとにしました。

## トンネルの先《さき》は……

怪盗《かいとう》X《エックス》を追《お》って森《もり》を捜索《そうさく》していたピエールたちは、森《もり》の中《なか》にぽつりと立《た》っている石像《せきぞう》の前《まえ》にたどりつきました。

石像《せきぞう》は口《くち》を開《あ》けたライオンのような形《かたち》をしていて、ピエールたちを飲《の》みこめるくらいの大《おお》きさがありました。

夕日《ゆうひ》を浴《あ》びたライオンの目《め》が、えものを待《ま》ち構《かま》えるように、ギラギラとあやしく光《ひか》っています。

「ねえ、ピエール。本当《ほんとう》にここを通《とお》るの……？」

不気味《ぶきみ》に思《おも》ったカルメンは、おそるおそるピエールにたずねました。

「うん。どうやら、ここが森《もり》の出口《でぐち》みたいだ」

ピエールは伯爵《はくしゃく》の館《やかた》から拝借《はいしゃく》したロウソクで石像《せきぞう》の口内《こうない》を照《て》らしました。

中《なか》には地下《ちか》に続《つづ》く階段《かいだん》があり、破《やぶ》けたクモの巣《す》が地面《じめん》に落《お》ちています。

わずかに残《のこ》った巣《す》の上《うえ》ではクモが糸《いと》をはき、いっしょうけんめい自分《じぶん》の家《いえ》を直《なお》していました。

「見《み》て、最近《さいきん》こわされたんだ。怪盗《かいとう》X《エックス》もきっと、ここを通《とお》ったにちがいない」

そこへ、ドラキュラ伯爵《はくしゃく》がはなったコウモリたちが飛《と》んできました。

ライオンの口《くち》の中《なか》へ、一直線《いっちょくせん》に吸《す》いこまれていきます。

「さあ、僕《ぼく》たちも行《い》こう」

ピエールはカルメンの手《て》を引《ひ》いて、階段《かいだん》をかけ下《お》りていきました。

## あやしいマーケット？

静《しず》まりかえった長《なが》い階段《かいだん》をぬけると、地下《ちか》は一転《いってん》してわいわいガヤガヤ。活気《かっき》のある地下街《ちかがい》へとたどり着《つ》きました。迷路化《めいろか》した街《まち》の変化《へんか》もなんのその。商人《しょうにん》たちは我《わ》が物顔《ものがお》で地面《じめん》に布《ぬの》をしいて、自分《じぶん》の商品《しょうひん》を見《み》せびらかしています。

「この市場《いちば》には、僕《ぼく》も迷路《めいろ》で見《み》つけたものを売《う》りに来《き》たことがあるよ」

言《い》われてみれば、商人《しょうにん》たちの売《う》り物《もの》の中《なか》には、ピエールの家《いえ》にあるような、変《か》わった品《しな》じなが並《なら》んでいました。地底人《ちていじん》のお面《めん》、古代《こだい》のレシピ、にじ色《いろ》のへんてこなネジ……。

お客《きゃく》さんもへんてこコレクターなのでしょうか。お金持《かねも》ちそうな紳士《しんし》、黒《くろ》いローブをまとったあやしい男女《だんじょ》、マスクをかぶった怪盗《かいとう》みたいな人《ひと》までいます。

WELCOME
Fruits

「って……あの人《ひと》、怪盗《かいとう》X《エックス》じゃないの⁉」

ピエールたちは人混《ひとご》みの中《なか》に、怪盗《かいとう》X《エックス》らしき姿《すがた》を発見《はっけん》しました。

すぐに追《お》いかけようとしますが市場《いちば》は人《ひと》が多《おお》く、なかなか前《まえ》に進《すす》めません。

迷路《めいろ》とはまたちがった険《けわ》しさに、ピエールたちは苦戦《くせん》していました。

「きゃっ……！」

あわてすぎたのか、カルメンは行《い》き交《か》う人《ひと》の肩《かた》にぶつかって、地面《じめん》へとたおれこみました。

「大丈夫《だいじょうぶ》ですか？」

ピエールが近寄《ちかよ》るよりも先《さき》に、一人《ひとり》の男《おとこ》がカルメンをだき起《お》こしていました。

男《おとこ》はお金持《かねも》ちそうなスーツを身《み》にまとい、人《ひと》の良《よ》さそうなよゆうのある笑《え》みをうかべています。

「ああ、服《ふく》がこんなによごれて」

紳士《しんし》はカルメンの服《ふく》についた砂《すな》を手《て》ではらうと、ひざがすりむけているのを見《み》つけて、ハンカチを差《さ》し出《だ》しました。

「あ、ありがとうございます……」

ふだんはかしましいカルメンも、これには顔《かお》を赤《あか》くしています。

「足下《あしもと》に気《き》をつけてくださいね」

男《おとこ》はカルメンにウインクすると、さっそうと人混《ひとご》みの中《なか》へもどっていきました。

「すてき。まさに紳士《しんし》って感《かん》じね～」

うっとりするカルメンに対《たい》し、ピエールはどこかしっくりきていない様子《ようす》です。

「ふむ……。それはどうかな」

「なに、もしかしてヤキモチ？」

「まさか。ちょっと変《へん》だなって思《おも》ったんだ。僕《ぼく》にはあの紳士《しんし》がわざと、カルメンにぶつかったように見《み》えたから」

そっけない一言《ひとこと》に、カルメンはぷうっとほおをふくらませました。

「もー。そのなんでもあやしむクセはなんとかならないの？　あんな紳士的《しんしてき》な人《ひと》がそんないやがらせするわけないじゃない！」

「どうだろう、迷路《めいろ》は見《み》かけによらないからなあ……」

「そんなことより、はやく怪盗《かいとう》X《エックス》を追《お》わないと！」

カルメンは紳士《しんし》から受《う》け取《と》ったハンカチをポケットにしまおうとして、ぴたりと動《うご》きを止《と》めました。

「どうしたの？」

何《なに》かに気《き》づいたようで、カルメンの顔《かお》がみるみる青《あお》ざめていきます。

「な、ない……！　ポケットに入《い》れていた財布《さいふ》がない！」

「言《い》わんこっちゃない。あの男《おとこ》……さてはスリだな」

ピエールは男《おとこ》が歩《ある》いて行《い》った方向《ほうこう》に目《め》をやりました。

男《おとこ》は視線《しせん》に気《き》がついたのか、人《ひと》をつき飛《と》ばすのもおかまいなしに、人気《ひとけ》の少《すく》ない裏路地《うらろじ》へとかけていきます。

ピエールたちも、急《いそ》いで後《あと》を追《お》いました。

「待《ま》て！」

「へっ！　待《ま》てと言《い》われて待《ま》つやつがいるかよ」

男《おとこ》が、先《さき》ほどとは打《う》って変《か》わった乱暴《らんぼう》な口調《くちょう》ではき捨《す》てます。

「紳士《しんし》のフリしてだますなんてサイテーよ！」

「ハッ！　だまされるほうが悪《わる》いに決《き》まってるだろ」

男《おとこ》はカルメンと言《い》い争《あらそ》いながら、路地《ろじ》の階段《かいだん》を下《くだ》って、さらに地下《ちか》へともぐっていきます。

しかし、地下迷路《ちかめいろ》は表通《おもてどお》りに比《くら》べて迷路化《めいろか》が深刻《しんこく》でした。

道《みち》は入《い》り組《く》んでいて、男《おとこ》の進《すす》んだ道《みち》も、さっそく行《い》き止《ど》まりです。

「さあ、おとなしく財布《さいふ》を返《かえ》しなさい！」

男《おとこ》はかべぎわに追《お》いつめられましたが、財布《さいふ》を返《かえ》す気配《けはい》はありません。

それどころか、

「こんな迷路《めいろ》、真面目《まじめ》にやるほうがおかしいぜ」

と言《い》って、近場《ちかば》にあったツルハシを手《て》に取《と》ると、壁《かべ》をくずしてむりやりとなりの道《みち》へ進《すす》んでいきます。

「あっ！　ずるい。ピエール、私《わたし》たちも行《い》きましょう」

カルメンが後《あと》を追《お》おうとしますが、ピエールがストップをかけました。

「迷路《めいろ》はあせらずコツコツと。それが意外《いがい》と近道《ちかみち》だったりするものさ」

そう言《い》って、ピエールは元《もと》いた道《みち》にもどっていきました。

どうやらピエールは、正《ただ》しい道順《みちじゅん》で迷路《めいろ》をクリアするつもりのようです。

カルメンは少《すこ》しためらいましたが、ピエールを信《しん》じて任《まか》せることにしました。なんたって、ピエールは、信《しん》らいできる迷路《めいろ》探偵《たんてい》ですから。

「頼《たの》んだわよ」

「迷《まよ》い知《し》らずのこの僕《ぼく》に、**見《み》つけられない出口《でぐち》はない！**」

「ワン！」

二人《ふたり》と一匹《いっぴき》は、息《いき》ぴったりにかけ出《だ》していきました。

さあ、地下迷路《ちかめいろ》のスタートです。

化石《かせき》にまぎれて謎《なぞ》の暗号《あんごう》が？
よく覚《おぼ》えておこう！

GOAL

## トロッコの選《せん》たく

「見《み》つけたぞ！」

　ピエールたちが追《お》いついたとき、男《おとこ》は街外《まちはず》れのトンネルの前《まえ》で、トロッコに乗《の》りこむ最《さい》中《ちゅう》でした。

　男《おとこ》はピエールたちが背後《はいご》にせまったことを確認《かくにん》すると、あわてて目《め》の前《まえ》のトロッコに手《て》をかけます。

「あのトロッコのマーク……たしか、迷路《めいろ》のかべにも……」

ピエールはトロッコのマークを指差《ゆびさ》しました。

「カルメン、さっきの迷路《めいろ》にあったマークを覚《おぼ》えてる？」

「ええっと……▼と☆がドクロで、●は◎だったはずよ」

「だよね。これは、迷路《めいろ》の正《ただ》しい道《みち》を示《しめ》す暗号《あんごう》だと思《おも》う。ハズレのトロッコに乗《の》ると行《い》き止《ど》まりか、あるいは……」

「ごちゃごちゃうるさいぞ！　オレに近寄《ちかよ》るな！」

男《おとこ》はピエールたちの話《はなし》に聞《き》く耳《みみ》を持《も》たず、トロッコを力《ちから》いっぱいおしました。

トロッコの車輪《しゃりん》がごろりと回《まわ》り、トロッコが下《くだ》り坂《ざか》を走《はし》り出《だ》します。

ピエールたちがあわててかけ寄《よ》ると、入《い》れちがうように、男《おとこ》がトロッコに飛《と》び乗《の》ります。

男《おとこ》の乗《の》ったトロッコの背《せ》には、▼のマークが見《み》えました。

「▼はドクロのはず。このままだとあの人《ひと》が危《あぶ》ない。僕《ぼく》たちも追《お》おう！」

## お先《さき》まっくら

男《おとこ》はトロッコから身《み》を乗《の》り出《だ》して、出《で》口《ぐち》を今《いま》か今《いま》かと待《ま》ち構《かま》えていました。トロッコはガタガタと心地《ここち》よくゆれ、冷《ひ》えた風《かぜ》を切《き》って進《すす》みます。

たまにはトロッコの冒険《ぼうけん》も悪《わる》くないな、と男《おとこ》は上《じょう》きげんになりましたが、それもそう長《なが》くは続《つづ》きませんでした。

「こらー！　止《と》まりなさい！」

男《おとこ》がふり返《かえ》れば、ピエールたちの乗《の》ったトロッコが、すぐ後《うし》ろにせまっていました。

「チッしつこいな！　こっちの用《よう》はもうす

んだ。財布《さいふ》なら返《かえ》してやるからどっか行《い》けよ！」

男《おとこ》はカルメンの財布《さいふ》をピエールたちのトロッコに投《な》げこみますが、それでもピエールたちは引《ひ》き下《さ》がりません。

「そんなことより、前《まえ》を見《み》なさいよ！」

「前《まえ》って……うわあっ！」

男《おとこ》の乗《の》ったトロッコの線路《せんろ》は、すぐ目《め》の前《まえ》でとぎれていました。真《ま》っ黒《くろ》な穴《あな》がぽっかり開《ひら》いていて、深《ふか》さは想像《そうぞう》もつきません。

「ほら、つかまって！」

男《おとこ》がピエールの手《て》をつかむのと、トロッコが穴《あな》に放《ほう》り出《だ》されたのは、ほぼ同時《どうじ》でした。

# スイフトのスカウト

トンネルの先《さき》の原《はら》っぱで、ピエールたちは男《おとこ》を解放《かいほう》しました。

「悪《わる》かったな……」

命《いのち》を救《すく》われたのでは、さすがの盗人《ぬすびと》もぺこりと頭《あたま》を下《さ》げます。

「オレはスイフト。あそこの古市《ふるいち》はオレたちの縄張《なわば》りでさ、よくあらかせぎしてんだよ」

「もう盗《ぬす》みなんてしちゃだめよ」

「こっちにも生活《せいかつ》があるんでね。そこまでは約束《やくそく》できないな……」

「そんなことばっかり言《い》ってると、もう助《たす》けてあげないわよ！」

「まあまあ。それより、さっき『用《よう》はもうすんだ』って言《い》ってたよね。財布《さいふ》を盗《ぬす》むこと自体《じたい》が目的《もくてき》みたいに聞《き》こえたけど……」

「ああ。怪盗《かいとう》X《エックス》ってやつにたのまれたんだよ。あんたらを足止《あしど》めしてくれってね」

「え？　怪盗《かいとう》X《エックス》が？」

「なるほど。追《お》いかけっこは時《じ》間《かん》かせぎだったのか……」

　依頼料《いらいりょう》をたんまりもらってるから、財布《さいふ》を返したってへでもないぜ、とスイフトは笑《わら》いました。どうやら、怪盗《かいとう》X《エックス》にしてやられたようです。

　——しかし、ただで転《ころ》ばないのも迷路探偵《めいろたんてい》。

「ねえ、スイフト。お金《かね》に困《こま》っているなら僕《ぼく》たちを助《たす》けてよ」

「ええ？　そりゃあ……金《かね》になるのか？」

「もちろんだよ。怪盗X《かいとうエックス》をつかまえれば、博物館《はくぶつかん》の館長《かんちょう》がお礼《れい》をしてくれるんだ。報《ほう》しゅうを半分《はんぶん》こするのでどう？」

　スイフトは少《すこ》し考《かんが》えるそぶりを見《み》せましたが、すぐに損《そん》がないとふんで、ピエールの手《て》を取《と》りました。

「のった！　あの怪盗《かいとう》の野郎《やろう》、スカしててちょとムカついてたんだよ」

　スイフトは、オレがアジトまで案内《あんない》してやる！　と胸《むね》をたたきました。

「もうっ。調子《ちょうし》いいんだから……うそついたらしりたたき１００回《かい》だからね」

「やめといたほうがいいぜ。オレは石《いし》ジリだから、お前《まえ》の手《て》がはれちまうぞ」

　ああ言《い》えばこう言《い》うスイフトにため息《いき》をつくカルメンを見《み》て、ピエールは、二人《ふたり》はけっこう似《に》た者同士《ものどうし》だぞと思《おも》いましたが、おこられそうなのでだまっていました。

# ようこそX《エックス》ミュージアム

「ほら、着《つ》いたぞ！」

すっかり日《ひ》も落《お》ちたころ。

スイフトの案内《あんない》で、ピエールたちは街《まち》のはずれにあるドーム型《がた》の建物《たてもの》にたどり着《つ》きました。

といっても、スイフトは方向《ほうこう》を示《しめ》しただけで、道中《どうちゅう》の迷路《めいろ》を解《と》いたのはすべてピエールなのですが……スイフトがあんまりにも得意《とくい》げだったので、ピエールはだまっていました。

「ずいぶん大《おお》きな建物《たてもの》なのね」

「ああ。怪盗《かいとう》X《エックス》は『X《エックス》ミュージアム』って呼《よ》んでた。のわりに、警備《けいび》は手《て》うすなんだよ」

たしかに、入《い》り口《ぐち》には警備員《けいびいん》の一人《ひとり》も見当《みあ》たりません。

「そりゃそうだよ。迷路《めいろ》ストーンの力《ちから》があれば、警備員《けいびいん》１０００人力《にんりき》さ」

「１０００人《にん》!?　想像《そうぞう》もつかないわ」

「腕試《うでだめ》しにはもってこいだよ。さあ、行《い》こう！」

いきいきと歩《ある》き出《だ》すピエールですが、スイフトは入《い》り口《ぐち》の前《まえ》で、くるりと背《せ》を向《む》けて立《た》ち止《ど》まりました。

「入《い》り口《ぐち》から怪盗X《かいとうエックス》が逃《に》げないよう、見張《みは》っといてやるよ」

「……って、ラクしたいだけじゃないの？」

「まあ、細《こま》かいことはいいだろ。あとは任《まか》せたぜ、迷路探偵《めいろたんてい》」

ニコニコと手《て》をふる相変《あいか》わらずの調子《ちょうし》の良《よ》さに、カルメンはあきれ気味《ぎみ》です。

「いいの？　ピエール？」

カルメンがたずねても、ピエールは目《め》の前《まえ》にある新《あたら》しい迷路《めいろ》に興味津々《きょうみしんしん》で、スイフトの話《はなし》は耳《みみ》に入《はい》っていないようでした。

まったく困《こま》った男子《だんし》たちね！　カルメンは心《こころ》の中《なか》で悪態《あくたい》をつきました。

「言《い》っとくけど、途中《とちゅう》で帰《かえ》るのはなしよ！」

「分《わ》かってるって」

帰《かえ》ったら分《わ》け前《まえ》はなしだからね、と念《ねん》をおし、カルメンはピエールを追《お》いかけていきました。

# 最終決戦《さいしゅうけっせん》

　建物《たてもの》の中《なか》は消灯《しょうとう》されていて、静《しず》かな真《ま》っ暗《くら》やみが広《ひろ》がっていました。

　しかし、ピエールが一歩《いっぽ》ふみこむと、ぱっと足下《あしもと》のライトが点灯《てんとう》し、色《いろ》とりどりの明《あ》かりが室内《しつない》をあざやかに照《て》らしました。

　ミュージアムの名《な》はダテではないようで、何百人《なんびゃくにん》も入《はい》れそうな広《ひろ》い空間《くうかん》に、美《うつく》しい空色《そらいろ》の宝石《ほうせき》やダイヤでできた女神《めがみ》

像《ぞう》など、めずらしい宝物《たからもの》が所《ところ》せましと並《なら》んでいて、なかなか見応《みごた》えがあります。

迷路化《めいろか》の影響《えいきょう》もそこかしこに出《で》ているようで、鳥《とり》の標本《ひょうほん》が宙《ちゅう》にういていたり、ひつぎから動《うご》き出《だ》したミイラ男《おとこ》が、包帯《ほうたい》を転《ころ》がしながら、怪盗Ｘ《かいとうエックス》の部下《ぶか》を追《お》いかけ回《まわ》しているのが見《み》えました。

「ハッハッハッ！　よく来《き》たね、諸君《しょくん》」

声《こえ》のする方向《ほうこう》を見《み》れば大《おお》きなモニターに、怪盗Ｘ《かいとうエックス》の姿《すがた》が映《うつ》し出《だ》されています。

怪盗Ｘ《かいとうエックス》の背後《はいご》には、迷路《めいろ》ストーンが置《お》かれていて、ストーンから放《はな》たれるまばゆい光《ひかり》が、怪盗Ｘ《かいとうエックス》をスポットライトのように照《て》らしていました。

「どうかな？　私《わたし》のコレクションはなかなかのものだろう」

「でも、全部盗《ぜんぶぬす》んだものなんだろ？　はやく持《も》ち主《ぬし》に返《かえ》すんだ！」

「返《かえ》して欲《ほ》しければ、この世界一《せかいいち》……いや、宇宙一《うちゅういち》の迷路《めいろ》を攻略《こうりゃく》してみせろ！」

怪盗Ｘ《かいとうエックス》のちょう発《はつ》を受《う》けて、ピエールは自信《じしん》たっぷりにほほえみます。

「もちろんだ。　**僕《ぼく》に、見《み》つけられない出口《でぐち》はない！**」

ピエールの言葉《ことば》を聞《き》いて、怪盗Ｘ《かいとうエックス》は満足《まんぞく》げにうなずきます。

MAZE STONE

「フフ、キミが降参《こうさん》するのが楽《たの》しみだ！」

怪盗《かいとう》X《エックス》の高《たか》らかな笑《わら》いを残《のこ》して、モニターは真《ま》っ暗《くら》になりました。


「がんばってね、ピエール」

「もちろんだよ。迷《まよ》い知《し》らずのこの僕《ぼく》に、たどり着《つ》けない出口《でぐち》はない！」

ピエールはカルメンに力強《ちからづよ》くうなずいて、ぼうしを深《ふか》くかぶり直《なお》しました。

はたして勝《か》つのは怪盗《かいとう》X《エックス》か、迷路探偵《めいろたんてい》か。


どうやら、応《おう》えんにドラキュラ伯爵《はくしゃく》もかけつけたようです。

――みんなに見守《みまも》られる中《なか》、最後《さいご》の戦《たたか》いが始《はじ》まります。


左下《ひだりした》の入《い》り口《ぐち》から迷路《めいろ》をたどって、怪盗《かいとう》X《エックス》がいるミュージアムの屋上《おくじょう》に向《む》かえ！

**迷路《めいろ》のルール**

◆道《みち》がつながって見《み》えるところは通《とお》れる。

◆人《ひと》や物《もの》でかくれているところは通《とお》れない。
(注意《ちゅうい》)フラッグの後《うし》ろは通《とお》れます。

◆ルートが２つ以上《いじょう》ある場合《ばあい》は、いちばん近《ちか》いほうが正解《せいかい》。

ついでに、絵《え》さがしにも挑戦《ちょうせん》してみるがよい！
◆赤《あか》い宝箱《たからばこ》　３つ
◆X《エックス》の宝箱《たからばこ》　１つ
◆赤《あか》いトロフィー　３つ
◆星《ほし》　３つ

「ここまでだ！　怪盗X《かいとうエックス》」

ピエールたちは屋上《おくじょう》にたどり着《つ》き、とうとう怪盗X《かいとうエックス》を追《お》いつめました。

「ハハハッ！　君《きみ》もなかなかやるなあ！　見直《みなお》したよ」

怪盗X《かいとうエックス》はうれしそうに笑《わら》うと、背後《はいご》の迷路《めいろ》ストーンを手《て》に取《と》りました。

「楽《たの》しませてもらったお礼《れい》だ。迷《めい》路《ろ》ストーンは返《かえ》すよ」

「なんだって？」

なんと、怪盗X《かいとうエックス》はボールでも投《な》げるような気軽《きがる》さで、ピエールに迷路《めいろ》ストーンを放《ほう》ってよこしました。

ピエールが両腕《りょううで》をめいっぱいのばし、大《おお》あわてでストーンをキャッチします。

「急《きゅう》になにするんだ……あっ！」

ピエールが顔《かお》をあげると、怪盗《かいとう》X《エックス》はマントをなびかせながら、屋上《おくじょう》の端《はし》まで移動《いどう》しています。

「それじゃあ、またどこかで会《あ》おう」

そのとき、怪盗《かいとう》X《エックス》の目《め》の前《まえ》に大《おお》きな青《あお》い気球《ききゅう》がのぼってきました。

怪盗《かいとう》X《エックス》はピエールたちに背《せ》を向《む》け、気球《ききゅう》から下《さ》がるはしごに手《て》をかけます。

「待《ま》て……！」

ピエールがかけ寄《よ》ろうとしますが、怪盗《かいとう》X《エックス》との距離《きょり》は10歩《ぽ》以上《いじょう》あり、とても間《ま》に合《あ》いそうにありません。

「ワン！」

そこに飛《と》び出《だ》したのが、迷路犬《めいろけん》メイジーでした。

メイジーは怪盗《かいとう》X《エックス》目指《めざ》して全速力《ぜんそくりょく》でかけ出《だ》すと、さくを軽《かる》がるととびこえ、X《エックス》の足《あし》にかみつきます。

「いたた、やめろっ、やめろってば！」

怪盗《かいとう》X《エックス》は足《あし》をふってはらおうとしますが、メイジーは食《く》らいついてはなしません。

そのうちにピエールも加勢《かせい》して、怪盗《かいとう》X《エックス》は気球《ききゅう》のハシゴから引《ひ》きずりおろされました。

「ううっ！　はなせ！」

「よくやったわ！　メイジー」

こうしてようやく、ピエールたちは怪盗《かいとう》X《エックス》をロープでしばり上《あ》げることに成功《せいこう》したのでした。

# 違《い》和《わ》感《かん》

「それにしても……」

カルメンは怪盗《かいとう》Ｘ《エックス》をまじまじと見《み》つめます。

「怪盗《かいとう》Ｘ《エックス》ってこんなに大《おお》きかったかしら？」

「それに、もう少《すこ》しスマートだったような……」

目《め》の前《まえ》のＸ《エックス》と、新聞記事《しんぶんきじ》にうつったＸ《エックス》とを見《み》くらべて、ピエールは首《くび》をひねりました。

「ハッハッハッ！　そりゃ当《あ》たり前《まえ》だよ」

二人《ふたり》の困《こん》わくをよそに、怪盗《かいとう》Ｘ《エックス》は、その様子《ようす》をながめてニヤリ。

つかまったというのに、ずいぶんよゆうそうです。

「笑《わら》っていられるのも今《いま》のうちよ！　早《はや》く正体《しょうたい》を現《あらわ》しなさい！」

そう言《い》うと、カルメンはカメラを怪盗《かいとう》Ｘ《エックス》に向《む》け、勢《いきお》いよくＸ《エックス》の

仮面《かめん》を外《はず》しました。

仮面《かめん》の下《した》のX《エックス》の素顔《すがお》は——意外《いがい》なことに、20代《だい》くらいの青年《せいねん》でした。

浅黒《あさぐろ》いはだに、ニヤついた勝《か》ち気《き》そうな表情《ひょうじょう》をうかべています。

「あら、けっこう若《わか》いのね……」

「おい！　外《そと》から見《み》てたぜ！　怪盗《かいとう》X《エックス》はつかまったのか？」

そこへ、下《した》の階《かい》からスイフトがかけつけました。

「スイフト！　見《み》ての通《とお》り、怪盗《かいとう》X《エックス》はここに——」

「あれ？　レイヴンじゃねえか！　なんでここに？」

スイフトが、怪盗《かいとう》X《エックス》の素顔《すがお》を見《み》ておどろきの声《こえ》をあげました。

「レイヴン？　それが怪盗X《かいとうエックス》の名前《なまえ》？」

「は？　レイヴンが怪盗X《かいとうエックス》なわけあるもんか、コイツはスリ仲間《なかま》だよ」

怪盗X《かいとうエックス》――ではなくレイヴンはスイフトを見上《みあ》げると、ニヤリ笑《わら》いをやめて、くやしそうな声《こえ》をあげました。

「おい、バラすなよ！　せっかく新聞《しんぶん》にのるチャンスだったのに……」

「あいかわらず目立《めだ》ちたがり屋《や》だな。どうせ、金《かね》をもらって身代《みが》わりにでもなったんだろ」

「ということは……もしかして……」

「この人《ひと》は、怪盗X《かいとうエックス》じゃない？」

ピエールとカルメンが顔《かお》を見合《みあ》わせたそのとき、

「ハッハハッハッ」

ピエールたちの頭上《ずじょう》で、あの笑《わら》い声《ごえ》がひびきました。

見上《みあ》げれば、空《そら》には大《おお》きな赤《あか》い気球《ききゅう》がうかんでいます。

気球《ききゅう》のバスケットから、ひょっこりと顔《かお》をのぞかせたのは――

「アッハッハッハ！　私《わたし》はこちらだよ」

本物《ほんもの》の怪盗X《かいとうエックス》は、屋上《おくじょう》のピエールにむかって優雅《ゆうが》に手《て》をふっていました。

「くそっ、入《い》れかわっていたのか」

「迷路探偵《めいろたんてい》、今回《こんかい》は実《じつ》に楽《たの》しませてもらったよ。次《つぎ》は、もっとすごい秘宝《ひほう》を盗《ぬす》んでやる。そのときまで、勝負《しょうぶ》はおあずけさ！」

高《たか》らかな笑《わら》い声《ごえ》を残《のこ》し、怪盗X《かいとうエックス》は夜空《よぞら》に消《き》えていったのでした。

# エピローグ

「あの後《あと》、ドラキュラ伯爵《はくしゃく》が追《お》いかけてくれたけど、結局《けっきょく》、怪盗Ｘ《かいとうエックス》はつかまえられなかったのよね……」

ピエールのガレージで、カルメンは新聞記事《しんぶんきじ》を読《よ》みながら、不満《ふまん》げな表情《ひょうじょう》をうかべていました。

「まあ、いいじゃないか。迷路《めいろ》ストーンは本物《ほんもの》だったんだから」

うなだれるカルメンとは対照的《たいしょうてき》に、ピエールはよゆうの表情《ひょうじょう》です。

「たしかに、迷路《めいろ》ストーン迷路化現象《めいろかげんしょう》はおさまったけど……なんか、ふに落《お》ちないのよね。どうして怪盗Ｘ《かいとうエックス》は迷路《めいろ》ストーンを素直《すなお》に返《かえ》したの？」

カルメンの言《い》うとおり、怪盗Ｘ《かいとうエックス》はわざわざ迷路《めいろ》ストーンを返《かえ》さずとも逃《に》げ切《き》れたように思《おも》います。それが、カルメンは不思議《ふしぎ》で仕方《しかた》ないのでした。

「私《わたし》たちをおちょくっていたのかしら？」

「おそらく……はじめから怪盗Ｘ《かいとうエックス》は、迷路《めいろ》ストーンを盗《ぬす》む気《き》なんてなかったんじゃないかな？」

「え？　どういうこと」

「こればっかりは根拠《こんきょ》があるわけじゃないんだけど……彼《かれ》は迷路《めいろ》みたいな人《ひと》だったから」

「迷路《めいろ》みたいって……面《めん》どうくさいし、ややこしいってこと？」

「まあそれもあるけど……だれかにいどんで、攻略《こうりゃく》されたかったんじゃないのかなって思《おも》ったんだよ。去《さ》り際《ぎわ》の怪盗Ｘ《かいとうエックス》は、すごくうれしそうだったからさ」

「それって……私《わたし》たちで遊《あそ》んでたってことでしょ？　やっぱり面《めん》どうくさい人《ひと》じゃない！」

「そう？　でも、僕《ぼく》は楽《たの》しかったよ」

「もうっ、いいわよ。ところでピエール、依頼《いらい》の報《ほう》しゅうの件《けん》なんだけど……博物館《はくぶつかん》の館長《かんちょう》からはちゃんともらえたのよね？」

「もちろん。迷路《めいろ》ストーンは返《へん》きゃくできたからね」

「よかった！　それじゃあ、そのお金《かね》でコピー機《き》を買《か》うのはどう？　ピエールを宣伝《せんでん》するにも、うんとポスターをはらないとでしょ？」

「でも、お金《かね》はもうないよ？」

「え……？」

カルメンは一瞬《いっしゅん》、何《なに》を言《い》われたのか分《わ》かりませんでした。

「お金《かね》が、ない……？　それってどういうこと？」

ピエールは得意《とくい》げにニヤリと笑《わら》うと、部屋《へや》の奥《おく》から、なにやら立派《りっぱ》な木箱《きばこ》を持《も》ち出《だ》してきました。

フタを開《あ》けると、中《なか》にはキラキラとかがやく黄金《おうごん》の仮面《かめん》が入《はい》っています。

「どう？　地下街《ちかがい》で見《み》つけたんだ。ふふ、この複雑《ふくざつ》な模様《もよう》、すごく迷路《めいろ》を感《かん》じない？」

「もしかして、これにお金《かね》を全部《ぜんぶ》使《つか》っちゃったの……？」

「そうだよ。カルメンも言《い》ってたじゃないか、怪盗《かいとう》X《エックス》みたいな仮面《かめん》もいいんじゃない？って」

「だからって、わざわざそんな高《たか》いもの買《か》わなくてもいいじゃない！」

ちょっと派手《はで》すぎるかな？　と仮面《かめん》を着《つ》けて見《み》せるピエールに、カルメンはがっくりと肩《かた》を落《お》としたのでした。

「こんなところやめて、ドラキュラ伯爵《はくしゃく》のところで働《はたら》こうかしら……」

「オバケの賃金《ちんぎん》は0円《レイえん》だったりして」

「残念《ざんねん》ながら、今《いま》の条件《じょうけん》とあんまり変《か》わらないのよね！」

後日《ごじつ》、ピエールたちの活《かっ》やくは、テレビや雑誌《ざっし》でも大《だい》だい的《てき》に取《と》り上《あ》げられました。

ただし、番組《ばんぐみ》のタイトルは……

『怪盗《かいとう》Ｘ《エックス》にライバル出現《しゅつげん》か⁉　迷路犬《めいろけん》メイジーの大活《だいかつ》やく……』

そして、記事《きじ》のタイトルも……

『オペラシティのアイドル犬《けん》！　メイジーにインタビュー！』

「もー、とことんキマらないわ……」

カルメンの苦難《くなん》は、まだまだ終《お》わりそうにないのでした。

# 迷路《めいろ》のこたえ

20-21ページ

36-37ページ

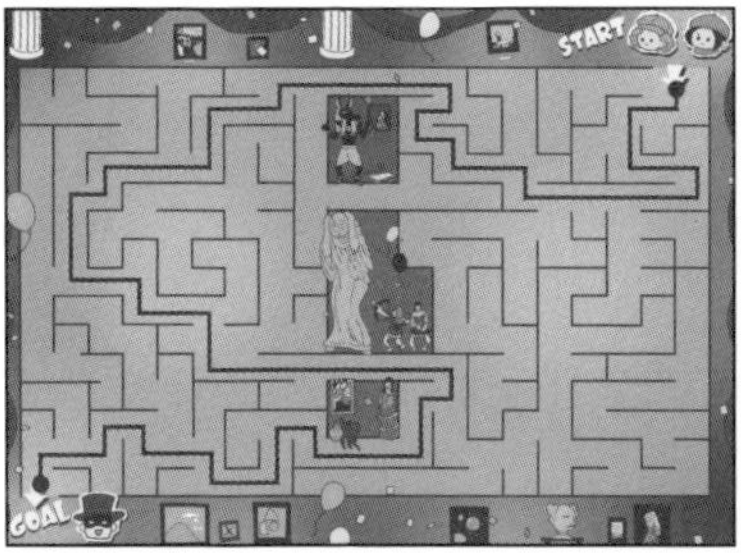


66-67ページ

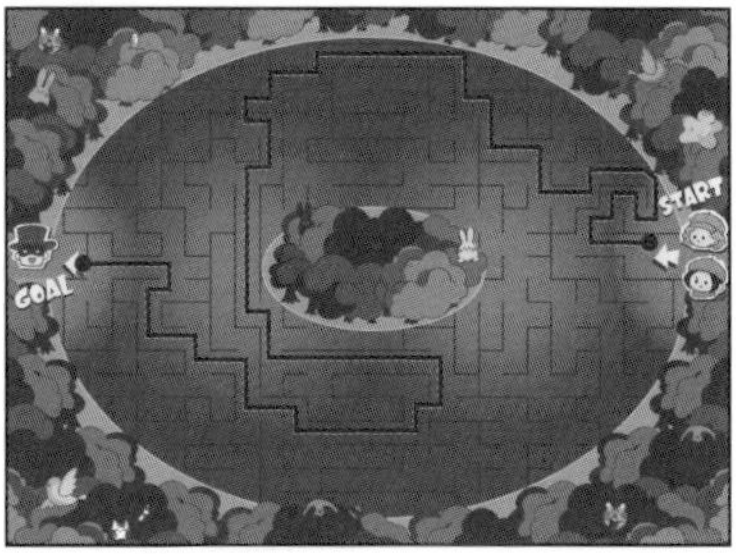


82-83ページ

112-113ページ

おりこみ

**原 作**

## カミガキヒロフミ＆ IC4DESIGN

**『迷路探偵ピエール』シリーズ**

2006年、広島県で設立。『The New York Times Magazine』のカバーイラストをきっかけに、日本だけでなく海外でも活動を開始。人気絵本『迷路探偵ピエール』シリーズは、現在30ヵ国以上で出版されている。著書として、『迷路探偵ピエール』シリーズの『うばわれた秘宝を探せ！』、『摩天楼の秘宝をまもれ！』、『水の街の秘宝を追え！』の3巻（永岡書店）、『シティーズとうきょう』（昭文社）などがある。

**著 者**

## 糸海みん（しかいみん）

愛知淑徳大学卒。ゲームソフトメーカー雄プロダクションの開発ディレクター兼シナリオライター。ホラーやミステリーなどの作風を得意とする。主な参加作品は『災難探偵サイガ　名状できない怪事件』(開発：雄プロダクション、販売：株式会社ディッジ)など。著書に『魔獣vs聖獣〈幻獣王〉超バトル図鑑』がある。

**STAFF**

| | |
|---|---|
| イラスト | おおぐろてん |
| 作画アシスタント | もつたゆこ |
| | 水無瀬めい |
| 折り込みめいろイラスト | カミガキヒロフミ＆ IC4DESIGN |
| 装丁・本文デザイン | 株式会社ウェッジホールディングス |
| | 佐々木由幸 |


## 迷路探偵ピエール　怪盗Xの挑戦状

2024年4月10日第1刷発行

| | |
|---|---|
| 著　者 | 糸海みん |
| 発行者 | 永岡純一 |
| 発行所 | 株式会社永岡書店 |
| | 〒176-8518 |
| | 東京都練馬区豊玉上1-7-14 |
| 電　話 | 03-3992-5155（代表） |
| | 03-3992-7191（編集部） |

印刷・製本　クループリンティング

ISBN978-4-522-44089-6　C8076